正観さんが
教えてくれた
幸せの宇宙法則

「おまかせ」で今を生きる

高島亮
「正観塾」師範代

廣済堂出版

まえがき

有り難い存在

小林正観《せいかん》さんは、稀有《けう》な方でした。60冊以上の著書や、多いときには年間300回を越える講演活動を通じて、ものの見方・考え方・生き方を、多くの人々に伝え、教えました。

学生時代から40年以上にわたって続けた、人間の潜在能力や超常現象、心の世界の研究と、旅行作家、著述家としての圧倒的な情報量をベースに、従来の常識にとらわれない見方で、膨大な教えを遺《のこ》されました。そのどれもが本質を突いた深い洞察にもとづいていて、しかも日々の暮らしの中で、すぐに生かせるとても実践的なものばかりでした。

正観さんや、その教えに出会うことで、「人生が大きく変わった」「本当に楽に生きられるようになった」という人の数は、これまた膨大な数にのぼります。

いつも笑いと学びと気づきがいっぱいの正観さんの講演は、どこでも大人気でした。正観さんの本を出すために出版社が3つもつくられたという逸話もあります。

求められるままに活動がどんどん広がり、数え切れないほどの人々に影響を与え、人生を変えたというのは、本当に稀有なことです。

正観さんは、まさに滅多にいない、有り難い存在でした。

ぼくは、自分で言うのもなんですが、いわゆるエリートコースを歩んできた人間でした。人よりも優れた人間になって、人よりも上に抜きん出なければならない、高い評価を受けてこそ人生には価値がある、といった価値観で育ち、生きてきました。

ところが、一部上場の大企業から小さな出版社へ自ら転職したことで、住む世界が変わります。それまでの価値観が揺らいできた頃に、正観さんと出会いました。この出会いで、ぼくは人生の流れやご縁、生き方の方向性が、大きく変わったのでした。

上へ上へと必死にがんばっていた頃から見ると、かなり肩の力が抜け、人生を楽しむことができるようになったと思います。でもだからと言って、すべてが思いどおりにうまくいっているわけではありません。正観さんに教えていただいたことも、すべてが実践できているわけではありません。しかし、行きつ戻りつしながらも確実に人生が豊かな方向に進んでいるのを感じています。

15年にわたる正観さんとのご縁の中で、ぼくは正観さんの講演会を150回以上主催し、また長時間お話を聴き続けてきたこともあり、平成23年2月に、正観さんから「正観塾（正観さんの講演会の名称）の師範代として、高島さんも講演をするといいですよ」と言っていただきました。

師範代というと、一般的に「師範の次席」にあたる立場を意味しますから、正観さんの師範代を名乗ることには、かなりの戸惑いもプレッシャーもありました。それでも正観さんからのご指名を〝謙虚に〟お受けすることにし、以来、正観さんから教えていただいたことに自分の経験や、ほかで学んだことをプラスして、著書や講演を通じてお伝えするようになりました。

この本は正観さんの教えの中核となるものをピックアップし、身近な話題やわかりやすい例を挙げながら、まとめたものです。正観さんの教えの膨大さと深さゆえ、すべてを網羅することは難しい面もありますが、多くの人に理解していただけるように、できるかぎりわかりやすく書きました。

正観さんの教えのフレーズを見出しとしていますが、中身は正観さんの言葉をまとめたものでもなく、正観さんの教えを解説したものでもありません。正観さんの教えを元にしながら、ぼくの解釈や事例やエピソードをとおして、ものの見方や考え方を書きつづっています。

師範代として正観塾でお話ししているときと同様に、この本をきっかけに、あるいはガイドとして、小林正観という稀有な人の教えに、ひとりでも多くの人が触れ、「こんな見方や考え方、生き方もあるんだな」というヒントにしていただければうれしく思います。

そして、正観さんの教えが語り継がれ、後世へと遺るその一助となれば、望外の喜びです。

「正観塾」師範代　高島　亮

「おまかせ」で今を生きる

——正観さんが教えてくれた幸せの宇宙法則

目次

まえがき　有り難い存在　1

第1章　宇宙の基本構造

幸も不幸も存在しない。そう思う心があるだけ　18
——絶対不変の幸や不幸は、宇宙には存在しません。
すべての現象はゼロ　21
——意味付けをやめてみると、出来事や感情に振り回されずにすみます。
投げかけたものが返ってくる　25
——あなたが投げかけた思いや言葉や行動が、自分に返ってくるのです。
すべてがあなたにちょうどいい　29
——自分のまわりは、自分にちょうどいい人・モノ・ことが集まっています。
どちらでもいい　32
——悩みの本質は、50対50。どちらを選んでもいいのです。

自我＋おまかせ＝１００　34
——「自我」を小さくして、「おまかせ」を増やすとおもしろい人生になります。

第2章　人生の法則

神の承諾のないことは起こらない　40
——すべての出来事は宇宙の法則に基づいて淡々と起こっています。
すべてはシナリオどおり　43
——物ごとは必要なことが必要なタイミングで起きるように、シナリオとしてちゃんとできています。
人は、喜ばれる存在になるために生まれてくる　48
——「喜ばれる」ということは、自分と相手とで生み出す共同作業です。
大したものではない自分　51
——自分への期待を低くすると結果に左右されない満足を得られます。
夢も希望もない暮らし　55
——「思い」を持たないこと。執着を手放すと、悩みや苦しみがなくなります。

受け入れる 60
——「もっともっと」という思いを持たずに、「これでいいのだ」と受け入れてみる。

おまかせで生きる 64
——自分の力でがんばるよりも、流れや状況におまかせしてみる。物ごとがスムーズに進み、自分も楽です。

第3章 見方道

幸と不幸はワンセット 70
——不幸があるから幸せがわかる。ワンセットになったとき、どちらも宝物になります。

なにごとも起きない普通の日常が、幸せの本質 73
——あたりまえのことに感謝できると、幸せはあたりまえの中にあることがわかります。

喜びの上乗せ 77
——100点を基準にして足りないことに不満を言うより、ゼロを基準にして喜びを上乗せする。

代償先払い　80
——マイナスに見えることが起きると、宇宙の法則によって
プラスの出来事が起きやすくなります。

淡々と生きる　83
——「思い」が「重く」なると、いい流れや応援を止めてしまいます。

謙虚と傲慢　86
——自分の思いで判断せず、人の善意や頼まれごとや流れに素直に乗ること。
それが謙虚といいます。

風は吹いていますか？　川は流れていますか？　89
——風にあと押しされ、川の流れに運ばれるような人生。
それが奇跡的な展開をもたらします。

第4章　実践の道

日常生活が最高の道場　94
——日常生活の中に、楽しさやありがたさを見出して過ごす。
それが練習であり本番です。

実践の３段階　98
——五戒・「う・た・し」・感謝。私たちは常に実践することを求められているのです。

「そ・わ・か」の法則　103
——掃除・笑い・感謝。損得勘定で続けてみましょう。

究極の損得勘定　107
——理解するだけでなにもしないより、損得勘定でもいいから実際に動くほうが大事。

念を入れて生きる　111
——今という一瞬を大切にする。そうすれば、今が特別な瞬間になります。

ドミノに大小はない　114
——どんな小さなドミノでも、ひとつでも抜けたら今の自分はありません。

自分がどうするかだけ　118
——人を非難することは、自分の思いどおりに動かそうとすること。

誠実な生き方　122
——言っていることと行動が一致する生き方。それが誠実な生き方です。

自己嫌悪 126
——迷ったときは、自己嫌悪や違和感があるのはどっちか考える。状況に左右されずブレないセンサーです。

ひとりからはじまる 129
——どんな素晴らしい出来事も、ひとりの実践からはじまります。

第5章 うたしやき

うたし焼き 134
——「うれしい・楽しい・幸せ・役に立つ・興味深い」話をしましょう。喜びの総量が大きくなります。

脳波と人格と超能力 136
——私たちが力を発揮できるのは、リラックスしたとき。受け入れ度を高めていくと、誰もが能力を高められます。

リラックス 141
——歯を食いしばってがんばるよりも、サラリとやるほうが力を発揮できます。

「ただしい人」から「たのしい人」へ　144
――正しい人は、立場を押しつける人。楽しい人は、立場を越える人。人は正しさでは、なかなか動きません。

悪魔の構造　147
――「もっともっと」という不満の心、自分や他人を否定すると、悪魔の構造に組み込まれてしまいます。

おもしろがる　151
――何でもおもしろがっていると、また「おもしろい」と言いたくなる現象が起きやすくなります。

氏名は使命　154
――名前にはその人の役割が隠されているかもしれません。

ダジャレ　157
――毎日の中に、ふっとゆるむひとコマを持つようにすると、心と脳に潤いと余裕が出てきます。

お金とのつきあい方　160
――お金は宇宙からの預かりもの。抱え込まずに流すようにすると、また流れてきます。

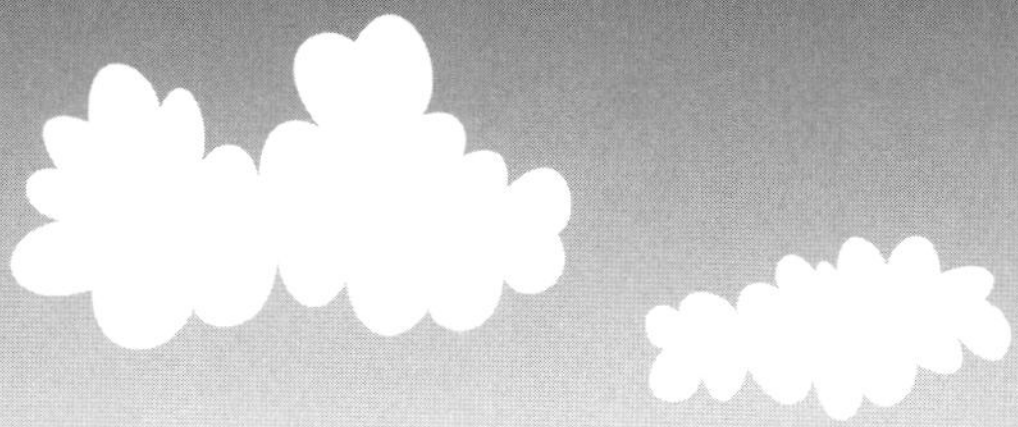

ジャプトーバー 163
——「和」とは、違いを認め、それぞれを合わせること。大きな平和は、一人ひとりの日常からはじまります。

第6章 誰もができる生き方論

「き・く・あ」の思想 168
——競わない・比べない・争わない。それが無敵な生き方。

天才とは量である 171
——自分が「これ」と思ったことを続けてみる。量を重ねると自分以外の力につながるのかもしれません。

ほめる 174
——ちょっとしたことをほめてみる。それが結局は、自分自身のプラスにつながります。

男と女はこんなに違う 178
——異なる特徴と役割を持っている男女。互いの特徴を押さえておくと相乗効果が生まれます。

やさしさ 181
——本当のやさしさとは？「待たないこと」「訊かないこと」これもやさしさです。

和顔愛語 185
——楽しい毎日を過ごしたいなら、和やかな表情と、やさしさに満ちた言葉を投げかけましょう。

シャッターは3・5・8 188
——自分の思いにこだわるのではなく、おかませして動けばいいのです。

味方にする 192
——味方が多い人は、応援されている人。それはいつも笑顔で誠実で、そして人を応援する人です。

第7章 喜ばれる存在へ

運命は、人によって運ばれる私の命 198
——私たちの命は、人とのご縁、人の力によって運ばれていきます。その総体を運命といいます。

頼まれごとは断らない　201
――頼まれごとを受けるということは、自分の力や思いでは行けないところまで運ばれるチャンスです。

人はひとりで生きたらヒト、人の間に生きるから人間　205
――人と人の間をつなぎ合わせて生きるということです。

死んで残るのは、集めたものではなく与えたもの　208
――行為や言葉、心遣いなど人に与えたものは、記憶として残り続けます。

よき友、よき仲間　211
――よき友を持つことは、人生を豊かで幸せなものにしてくれます。

楽に楽しく喜ばれる　214
――今を心を込めて生きる。目の前の人、モノ、ことを大切にして、今に感謝する。それが喜ばれる存在になるということ。

あとがき　218

装幀・本文デザイン・ＤＴＰ　ツカダデザイン

第1章

宇宙の基本構造

幸も不幸も存在しない。そう思う心があるだけ

――絶対不変の幸や不幸は、宇宙には存在しません。

資産3億円。

もし、それだけの資産を手にしたとしたら、あなたはどのように感じますか？

「もう、人生バラ色。幸せな毎日を送れるに違いない」

そう思う人が多いのではないでしょうか。

300円の食事。

もし、それだけの食事もたまにしか食べられない状況だとしたら、あなたはどのように感じますか？

「もう、人生どん底。不幸で死にたくなってしまうかもしれない」

そう感じる人も多いかもしれませんね。

たしかに、資産が3億円あれば、生活に何の不安もなさそうで、無条件に幸せになれる気がします。そして300円の食事もたまにしかできないというのは、見るからに困窮で、それだけでも不幸だと感じる気がします。

でも、こんな人生を歩んだ人がいたとしたら、どうでしょう？

10億円の資産を持つお金持ちがいました。ところが不況のあおりを受けて、資産がどんどん減り、ついに3億円になってしまいました。この莫大な損失に、そのお金持ちは悲観と不安のあまり、自らの命を絶ってしまったという人生。

３人の親子がいました。お父さんが事故で亡くなり、お母さんと２人の子どもという家族です。日々の生活はとても苦しいけれど、年に1回、大晦日に３００円の食事を３人で楽しく分けながらいただくのが、なによりのぜいたくという人生。

資産3億円のお金持ちは、幸せだったでしょうか？　年に1回しか３００円の食事ができなかったその母子３人は、不幸だったでしょうか？

「３億円も資産があるのに、自殺してしまうなんて信じられない！」と思う人は多いと思います。「たとえ母子３人で３００円の食事でも、みんな笑顔だったんだろうな」と想像する人も多いと思います。

３億円と３００円。金額だけを見たら、まったく違います。一般的に見たら、「３億円＝幸福。３００円＝不幸」という図式になるでしょう。

しかし、この例を考えれば、この図式が常に成り立つわけではないことは、明らかですよね。もちろん、いつも「３億円＝不幸。３００円＝幸福」という図式になるわけではないことも明らかです。

つまり、はじめから幸福だと決まっている現象や状況があるわけではないということ。そして、常に不幸だという現象や状況があるわけでもないということです。

どんなに幸せそうに見える出来事でも、幸せと感じられる人には幸せですが、不幸と受け取る人にとっては不幸になります。

どんなに不幸そうに見える出来事でも、不幸と感じる人にとっては不幸ですが、幸せと感じることのできる人にとっては幸せになります。

いつも絶対不変の幸や不幸という現象は、宇宙には存在しません。出来事や状況によって幸・不幸が決まるわけではないからです。

もし、あなたが喫茶店で、友達との会話に夢中になるあまり、手もとにあったコーヒーをこぼしてしまったら、どうしますか？　あわてて騒いで腹を立てて「拭こう」と顔をしかめると、不幸になります。こぼしてしまったけど、あわてず騒がず落ち着いて「こう拭く」と笑顔で言えば、幸福になります。

すべては、見方や受け取り方次第。幸も不幸も、そう思う心があるだけなのです。

すべての現象はゼロ

――意味付けをやめてみると、出来事や感情に振り回されずにすみます。

「(人間万事) 塞翁が馬」という諺がありますが、これは中国の次のような故事からきています。

昔、北の塞《とりで》のそばに、老人 (翁) が住んでいた。ある日、老人の飼い馬が逃げ出し、人々が慰めに行くと、老人は「これは幸いになるだろう」と言った。その馬が数ヵ月後に隣国の名馬を連れて帰ってきたので、人々がお祝いに行くと、老人は「これは災いになるかもしれない」と言った。老人の息子がその馬に乗り落馬して足を折ってしまい、人々がお見舞いに行くと、老人は「これは幸いとなるだろう」と言った。そして、隣国との戦争が起こったとき、子どもは骨折していたので兵役を免れ、命が助かった、というお話です。

「人間万事塞翁が馬」の「人間」は、「じんかん」と読み、「人生」とか「世の中」という意味です。

「塞翁が馬」が示していることは、3つあります。

ひとつ目は、「人生の禍福 (幸・不幸) は、転々として予測できないものだ」ということ。「一寸先は闇」ということです。

人生はいつの瞬間も、この先どうなるかわかりません。馬が逃げることも、その代わりに名馬が来ることも、その名馬で子どもが足を折ることも、さらにはそのおかげで、兵役から免れるということも、普通は予測できません。でも、わからないからこそ、そこに人生のおもしろみも生まれます。

2つ目は、「出来事をどう見るかで、その意味合いは変わる」ということ。幸も不幸も見方次第ということです。

馬が逃げたことだけを見ると、不幸なことに見えますが、そのおかげで名馬を連れて来たのですから、逃げてくれてよかった、となります。でも、名馬が来たことが、よい出来事だったのかというと、息子が足を折ることになってしまうのですから、よくなかったとも言えるでしょう。さらに子どもが戦争に行かずにすんだということを含めて見れば、やっぱりよかったと、その意味合いは、見る範囲や角度によって変わっていきます。

つまり、意味合いは出来事自体で決まるのではなく、それをどう見るか、どう受けとめるかで決まるということ。

逆に言うと、見方を変えることができれば、出来事の意味を変えることができるわけです。運命や未来は変えられないかもしれないけれど、見方を変え、意味付けを変えるということであれば、人生を変えることができるということです。

3つ目は、「起きる現象はゼロ（中立、ニュートラル）」ということ。意味付けをせず、事実をそのまま見ることを教えてくれています。

「幸せな出来事が起きるか、不幸な出来事が起きるかは、予測できない」という第1の見方も、「それぞれの出来事が幸か不幸かは、見方によって変わる」という第2の見方も、出来事に幸または不幸という意味付けをしている点では一緒です。

それに対して、第3の見方は、意味付けをしない見方です。

馬が逃げたことは、幸でも不幸でもなく、ただ「馬が逃げた」という出来事に過ぎません。名馬を連れて帰ってきたことも、幸でも不幸でもなく、ただ「名馬を連れて帰ってきた」というだけのこと。

本来は、幸も不幸もなく、プラスもマイナスもなく、ゼロなのです。その出来事がただ起きたというだけのことです。

「現象自体はゼロ」。これが宇宙の本質です。

「幸も不幸も存在しない」というのは、「すべての現象はゼロ」だということ。ゼロだからこそ、「そう思う心」によって幸や不幸という色を付けることができるわけです。見方を変え、意味付けを変えることができるのも、「すべての現象はゼロ」という根本が前提としてあるからなのです。

意味付けをやめて、出来事や現象をそのままで見てみると、出来事や感情に、振り回されずにすみます。

たとえば、同僚に、「あなたって、話を合わせるのが上手ね」と言われたとしましょう。これをほめ言葉と受け取れば、うれしくなりますが、皮肉だと感じると、不愉快になってしまいますね。

でも意味付けしないで、そのまま受け取れば、「私って、人に話を合わせるのが上手なのね」。それだけですみます。ニュートラルで、楽でしょう？

感情は、意味付けによって動くものです。でもだからと言って、いつも感情を抑えましょう、と言うつもりはありません。この意味付けによって、私たちは意欲を高めたり、前向きになれたりすることもありますし、感情が動くことで、私たちの人生の彩りもぐんと豊かになれるからです。

でも、現象や出来事は、プラスでもマイナスでもなく、ゼロ。これが本質です。

その本質をふまえた上で、意味付けに振り回されるのではなく、意味付けを楽しむようにすると、人生そのものが楽しくなっていきますよ。

投げかけたものが返ってくる

――あなたが投げかけた思いや言葉や行動が、自分に返ってくるのです。

好きなことを仕事にできたら、理想的ですね。「好き」と「仕事」が一致すれば、仕事は楽しくなりますし、熱心に取り組めるので、成果もついてきやすくなるでしょう。多くの人がそういう形を望んでいるのではないでしょうか。

でも、「好き」と「仕事」ははじめから一致するとは限りません。こんな形もあります。

書道と漢字が大好きな、Kさんという女性がいます。彼女は、それを仕事にできたら幸せだなと考えていました。すぐにはできないかもしれないけれど、まったく無理というわけでもないと思っていました。ところが、旦那さんの会社が倒産して、事情は一変します。Kさんは、すぐに働かざるをえない状況に立たされたのでした。

本当は、好きなことを仕事にしたい。でも、そんな悠長なことは言っていられません。

Kさんが就いたのは、食品売り場のマネキン（売り子さん）の仕事。デパ地下で鮭を売るマネキンさんです。好きなことでもない、経験もない、ないないづくしの仕事でした。

Kさんは、働きはじめても、正直、なかなか身が入りませんでした。「自分のしたい仕事は、これじゃない」「自分には、この仕事は向いていないんじゃないか」、そんなことばかり考える日々だったそうです。

理想は、書道や漢字を仕事にすること。でも、現実は鮭。このギャップに悩む日々でした。あるとき、友人に新しい仕事のことを話す機会がありました。すると、その友人が「おもしろい仕事だね」と言ってくれたのです。

「え⁉ 私の仕事って、おもしろいの？」

そのことがきっかけで、Kさんは自分の仕事に、興味を持つようになります。

「この鮭は、どうしてこんなに値段が高いんだろう？」

「この鮭は、どこがおすすめポイントだろう？」

「どうしたら、お客さんにもっと興味を持ってもらえるだろう？」

そんな風に、自分が興味を持てば持つほど、鮭についての知識が増え、鮭の顔がかわいらしく感じられるようにさえなりました。自分の売っている鮭のよさや、おいしさを伝えたいという気持ちがふくらんでいきました。

そんな気持ちでお客さんにどんどん試食してもらい、どんどん鮭のことを語っていくうちに、お客さんと接することがとても楽しくなり、気がつけばKさんは自分の仕事が好きになっていました。仕事に対する気持ちが、以前とは大きく変わっていたのです。

すると、結果もついてきました。売り場の1日の売上が、以前の3倍にもなったのです。日によっては、5倍にまで達することもあるそうです。

「自分でも信じられないくらいです」と、Kさんは笑顔で話してくれました。

自分では考えもしなかった仕事。自分の理想とは、まったくかけ離れた仕事。自分には向いていないんじゃないかとさえ思った仕事でした。でも、最初に「好き」がなくても、あとから「好き」になることはできます。自分から「好き」を投げかけていたら、向こう（仕事）からも「好き」が返ってきたのです。

もし、自分が「嫌い」を投げかけていたら、仕事からも「嫌い」が返ってきて、仕事が嫌いなままだったことでしょう。

これは仕事だけに限りません。人に対しても、物ごとに対しても、自分の投げかけた思いや言葉や行動が、自分に返ってくるのです。

「投げかけたものが返ってくる」。**これは宇宙の大法則です**。

プラスの投げかけをすれば、プラスが返ってくる。**マイナスの投げかけをすれば、マイナスが返ってくる**。作用・反作用の法則、鏡の法則、引き寄せの法則といわれるものも、この大法則のことを言っています。

愛すれば愛される。愛さなければ愛されない。許す者は許される。裁く者は裁かれる。あたたかい言葉を投げかければ、あたたかい言葉が返ってくる。人を刺す言葉を投げつければ、今度は自分が投げつけられる。人を応援する人は人からも応援され、人を裏切る人は、自分が裏切られるときがくる。

相手から直接返ってくることもあれば、めぐりめぐって返ってくることもあります。すぐに返ってくる場合もあれば、ときが経ってから返ってくる場合もあります。

この大法則を自分の中心に据えると、ほかに責任をなすりつけるのではなく、すべての結果を自分で引き受けるという軸ができます。すべてを受け入れることにもつながるので、宇宙の流れにも乗りやすくなります。

ほかに責任をなすりつけなくなると、ますます起きる出来事を受け入れやすくなり、ますます流れに乗れるという好循環に入っていくことができます。

なにを投げかけるかは、自分次第。自らに由る、自由です。だとすれば、この法則を上手に使わない手はありませんね。

すべてがあなたにちょうどいい

――自分のまわりは、自分にちょうどいい人・モノ・ことが集まっています。

「その人がどんな人物かを知るには、その人のまわりを見ればいい」とは、よく言われることですね。「類は友を呼ぶ」というように、まわりにはその人にちょうどいい人、その人とちょうど合う人が集まるようになっているのです。

楽しい人のまわりには、楽しい仲間が集うものですし、争うことが好きな人のまわりには、やはり争い好きが集まります。人を助けたいと思っている人のところには、助けてほしいという人が寄ってくるし、否定的な人のまわりでは、否定的な会話が交わされるものです。

「投げかけたものが返ってくる」の法則どおりです。

あなたのまわりはどうでしょうか？　**きっとあなたにちょうどいい人・モノ・ことが集まっているはずです。**

もし、「自分のまわりには、ろくな連中がいない」とか、「どうして私のまわりには、暗い話や愚痴や人の悪口を言う人ばかりなの？」と感じたとしたら、それがあなたにちょうどいい人たちということなのです。**それは、今まで自分が投げかけてきたものが、返ってきた結果を受け取っているということでもあります。**

ここで、まわりの人のことを非難したり、ろくな人がいないと文句を言ったり、恨みごとを言ったりするのは、的外れです。そんなことをしても、なんの解決にもなりません。

かと言って自分自身を責めたり否定したりしても、事態は好転しません。自分のことをそんなに痛めつける必要もありません。

「投げかけたものが返ってくる」「すべてが自分にちょうどいい」というしくみがわかったのですから、どうすればいいかもわかるでしょう。

今からなにを投げかけていくかを考え、行動していけばいいのです。多少の時間はかかるかもしれませんが、いい投げかけをすれば、いいものが返ってくるのですから、いい投げかけを重ねていくことです。

やがて、気づいてみるとまわりは明るくて楽しい人ばかり。魅力的な人ばかりになっていたという日がやってきます。

ぼく自身もそういう経験をしているので、確信をもってお伝えすることができます。

こうも変わるものかというくらい、変わります。でも、変わったのは、ほかならぬ自分なのです。投げかけるものが変わった結果、まわりにいる人も変わった。まわりの人たちは、変わった自分にちょうどいい人たちになったのです。

それはつまり、明るくて楽しい、魅力的な人たちにちょうどいい自分になれたということでもあります。

人だけではありません。起きる出来事も、今の自分にちょうどいいことばかりが起きています。自分に必要なことがちゃんと起きている。そういう意味でも、「すべてがあなたにちょうどいい」のです。

どう必要なのか、どうちょうどいいのか、もしかして今すぐにその意味まではわからないとしても、とりあえず、自分にとってちょうどいいんだなと見てみる。そうすると、心も穏やかでいられるし、その後の流れもスムーズになります。そして、自分にとってプラスの方向に運んで行ってくれるようになります。

すべてが自分にちょうどいいと思うことは、まわりの人や起きる出来事を受け入れるということです。自分がまわりの人を受け入れると、まわりからも受け入れられる。そして、自分が起きる出来事を受け入れると、その出来事を起こしている宇宙にも受け入れられるのです。「投げかけたものが返ってくる」という法則のとおりです。

人や宇宙に受け入れられたら、人生は楽しいものになりますね。それを楽しめるよう、あなたのまわりにいる「ちょうどいい」すべての存在を受け入れていくようにしてみてはどうでしょうか。

どちらでもいい

――悩みの本質は、50対50。どちらを選んでもいいのです。

「悩みの本質は、50対50」。

正観さんにそう教わりました。

右に行くか、左に行くかを選ぼうとするとき、もし自分の中で、右が90で左が10だと感じたら、迷わず右を選びますね。そこに悩みはありません。

もし右が40で左が60だったら、その場合も左に行くでしょう。片方が他方よりも大きければ、大きいほうを選ぶはずです。

決められないのは、右も50、左も50というときです。選択肢が50対50のときに、悩みが生まれるということになります。どちらがよさそうかという差がつけられないので、どちらを取ればいいのか決められず、悩んでしまうわけです。

でも、見方を変えると、右も左も甲乙つけがたいということですから、どちらに行っても同じということになります。結果はもちろん違ってきますが、どちらがよさそうかという点では差がありません。

ということは、どちらを選んでもいいのです。

こんな話があります。


アルプスの山小屋に、羊が1匹と、干し草が右と左に2つの山になって積んでありました。羊は干し草を食べようとして、右の山の前に行きます。が、ここで「やっぱり左にしよう」と思い、左の干し草の山に向かいました。ところが、またここで「でも、やっぱり右がいいかな」と考え、右に向かいます。そして、また左に……。羊は迷いに迷ってしまいます。

それからしばらくして、山小屋を訪れた人が目にしたのは、小屋の真ん中で、痩せ衰えて冷たくなっていた羊の姿でした。羊の両側には、手のつけられていない干し草の山が、そのまま残っていました。


右の干し草も左の干し草も、まったく同じ干し草が同じように積んであったので、羊はどちらのほうがいいか、甲乙つけられなかったのです。

「どちらでもいいのに！　どっちも同じなんだから、右のものでも左のものでも食べればよかったんだよ」と思いませんか？

でも、迷える子羊は、この山小屋のかわいそうな羊だけではないのかもしれません。私たちの日々の悩みも、50対50の間で右往左往しているだけなのかもしれない。どちらでもいいのに、ただ決められないだけなのかもしれないのです。

悩みは、どちらか一方に優劣をつけられない50対50のときに生まれる。でもそれはすなわち、差がないのだから、悩む必要がないということ。悩みの本質は、「どちらでもいい」、つまり悩み無用ということなのです。

自我＋おまかせ＝100

——「自我」を小さくして、「おまかせ」を増やすとおもしろい人生になります。

ゴルフのティーチングプロとして活躍している友人から教えてもらった話です。

彼は正観さんの話を何度も聴いていて、それで人生が変わったという経験を持っています。

ゴルフのもっとも基本的なことを、次のように説明してくれました。

「ゴルフは、クラブを使ってボールを打つよね。ところが多くの人がやってしまうのが、がんばり過ぎちゃうこと。手に力が入り過ぎちゃうから、ちゃんとボールに当たらなくなってしまう。ボールは手じゃなくてクラブで打つわけだから、もっとクラブの力を使えばいいのに、一所懸命に手で打とうとしてしまうんだよね。正観さんの話に『自我＋おまかせ＝１００』っていうのがあるけど、ゴルフもまったく「一緒」

「自我＋おまかせ＝１００」というのは、こういう教えです。

自我というのは、「こうしたい」という自分の思い。「自分の力だけで成し遂げよう」「自分の思いどおりにしたい」という我欲といってもいいでしょう。

それに対して、「おまかせ」というのは、自分以外の力に任せること。「自分以外の力や流れにはたらいてもらおう」「自分という小さな存在を超えた、大いなるものに身をゆだねよう」という姿勢、生き方といってもいいでしょう。

この２つが合わさって物ごとは動いています。

この２つを足すと、１００。ですから、自我が80や90と大きくなると、おまかせは20や10と小さくなります。自我が10や20に減ると、おまかせが80や90に増えます。

この優先権は自我のほうにあります。**つまり、自我が大きくなれば、おまかせが小さくなり、自我が小さくなれば、おまかせが増える、というしくみになっているらしい。**

仕事でも何でもそうですが、全部自分の力でやろうとする人には、まわりも手助けしにくいですよね。自分の思いどおりにしようとする部分が大きければ大きいほど、まわりは手出しや口出しができなくなります。自我が大きいと、まわりははたらきにくくなるのです。

逆に、自分の力は小さいものと知っている人は、まわりに助けてもらったり、まわりから力を引き出したりして、ひとりでがんばるよりもずっと大きな仕事ができてしまいます。

顕在意識と潜在意識も似た関係にあります。頭で考え過ぎて顕在意識でばかり動くと、潜在意識がはたらく余地や範囲が狭まってしまいます。潜在意識のほうが何万倍も力や容量があるのですが、顕在意識がはたらき過ぎると、せっかくの力がうまく発揮されなくなってしまうのです。それは、非常にもったいないことです。

ちょうどゴルフもそれと同じ、と友人は言うのです。

手が自我だとすれば、クラブがおまかせ。手ががんばり過ぎると、クラブのはたらきが少なくなってしまう。もっとクラブにおまかせすれば、クラブのはたらきも大きくなって、勝手にボールは飛んでいくんだよ、と友人は言います。

なるほど、うまく打てないのは、手に力が入り過ぎていたからなのか。

ゴルフ経験者ならわかると思いますが、たしかに、ボールを打つときに、「飛ばすぞ」とか「絶対にあそこに打ってやる」と強く思えば思うほど力んでしまい、手でがんばってしまいます。

私たちはつい、しっかりと力を入れることでナイスショットを生むと考えてしまいます。でも、実際は、そのがんばり過ぎこそが最良の結果を阻み、避けたいと思っていた現実を引き寄せてしまったりするのです。

これは、ゴルフだけでなく、ふだんの物ごとに関しても同じことが言えるのではないでしょうか。

仕事を自分の思いどおりに進めようとして、まわりと摩擦を生み問題が起こってしまったり、力めば力むほど、タイミングがずれて、ちぐはぐになってしまったり。

必要最低限のことはやって、あとはまわりの人たちにおまかせしたほうが、物ごとはずっとスムーズに進み、その結果うまくいく。そんなことって、よくあるのではないでしょうか。

物ごとがうまくいくためには、自分がしっかりしなければいけないと考えがちですが、その思いが強過ぎるとかえってうまくいかないというのが、本当のところのようです。

思い（自我）が強く先走ってしまうと、まわり（おまかせ）が適切にはたらいてくれなくなっ

てしまうのです。

もちろん、自我がゼロでいいというわけではありません。ゴルフだって、自分の手を振らずに、ボールを打つことはできませんから。クラブに適切に動いてもらって、得意なショットを生み出すためにも、適度な自我は必要です。

自我とおまかせのバランスが大事なのです。ただ、ともすると自我が強くはたらき過ぎてがんばってしまうケースが多いので、そこは注意するようにするといいでしょう。

なにかをうまくいくようにしたければ、「自我＋おまかせ＝１００」の方程式を思い出してみてはどうでしょう。自力と他力の絶妙なハーモニーを味わえたときには、きっとものすごく気分爽快ですよ。ゴルフでナイスショットが打てたときのように。

第2章

人生の法則

神の承諾のないことは起こらない

――すべての出来事は宇宙の法則に基づいて淡々と起こっています。

あとになってからわかる、ということがあります。

たとえば、予定していた約束が急にキャンセルになって残念と思っていたら、タイミングよく、行きたかったイベントの誘いがあったとか、学生のときに親と大ゲンカをして家を飛び出し、生計を立てるためにはじめたアルバイトが、結局そのまま一生の仕事になったとか。

会社をリストラされて、「なぜこんな目に遭わなければいけないのか」と納得がいかなかったけれど、その後、思いがけない展開で会社を起業することになったとか、起業した会社が急成長し、周囲からもてはやされていたと思ったら、無理な経営方針が反発を受け、会社を追われることになってしまったとか。

まだあります。彼とうまく行かなくて悩んでいたことがきっかけになって、心の勉強をはじめたら、それが人生の転機になったとか、事故に遭ったことで人生観が大きく変わり、その体験をベースにして講演活動をすることになったとか。

個人の出来事だけではありません。世の中を見ても、そういうことがあります。

ひとりの小さな取り組みが、どんどん広がって世界的な活動になったとか、ひとりの青年が犠牲になり多くの悲しみを誘ったけれど、それがきっかけになって新たな法律が制定されることになったとか。戦争で多くの犠牲が払われたあとに、世の中が大きく変わったとか。うれしいことや楽しいこともあれば、つらいことや悲しいこと、理不尽なことが起きてしまうこともあります。

つらく悲しい出来事は、これはなにかの間違いであってほしいと、なかなかすぐには事態を受け入れられないものです。でも、そのことが本当に悪いことなのかどうか、そのときは実はわからない、ということもあります。

出来事の因果関係は、あとからわかるもの。結果が出たときにはじめて、原因とのつながりが見えてきます。

原因と結果をつなげたときにはじめてわかるものですから、そのどちらか一方しか見えないと、因果関係も見えない。したがって出来事の意味もわからないということになります。

私たちは、出来事の意味がわからないとストレスを感じます。人間は意味を求める存在なので、意味がわからないことは、ストレスになるのです。そして意味がわからないとき、その出来事は、私たちの目には理不尽と映ります。

でもそれは、人間の視野で見ている場合であって、もっと広くて深い視点から見れば、因果関係や意味がわかるかもしれません。

しかし、その意味さえも、人間が色付けしたものです。「すべての現象はゼロ」というのが宇宙の本質ですから、起きる現象や出来事に、本来意味はありません。すべての現象は、ただ起きているだけ。

もし神さま（宇宙の法則、宇宙を動かす原理、そのほかの表現でもかまいません）という存在がいるとしたら、一つひとつの現象を、ただ淡々と起こしているだけということになります。

別の言い方をすれば、神の承諾のないことは起こらないということです。起きたということは、その事象が何であれ、神の承諾があった。つまり宇宙の法則に基づいて起こった、ということになるわけです。

起きたことをとやかく言っても、事実を変えることはできません。また、意味や因果関係がわからないからといって、理不尽だと文句を言うのもエネルギーのムダです。

だとすれば、起きたことは起こるべくして起こったという前提で生きていくほうが楽なのではないでしょうか。仮にそのときは意味がわからなくても、因果関係がつかめなくても、起きたことを受け入れ、肯定からスタートしてみる。そのほうが、エネルギーのムダもなく、その後の展開もよくなると思います。

もし、あとから因果関係や意味がわかったとしたら、それはそれで出来事をさらに肯定するための材料としてプラスにするといいでしょう。

すべてはシナリオどおり

——物ごとは必要なことが必要なタイミングで起きるように、シナリオとしてちゃんとできています。

先日、打ち合わせが予定よりもかなり早く終わったので、いつもお世話になっている会社を訪ねてみよう、とひらめきました。それも、ちょっと茶目っ気を出して、連絡をせずに、サプライズで行こうと。

途中、駅で乗り換えるとき、手土産にたい焼きを買いました。その会社の人は3人。自分の分も合わせて、たい焼きは4つでいいのですが、なぜか「5つ買っていこう」と思い、5つ買いました。

ところが、改札に行くと、事故で運転見合わせ中。すごい人だかりです。

困った。別の路線を使って、大きく迂回ルートを通って行かなければいけません。1時間くらい余計にかかってしまいそうです。

アポイントをとっていないので、行くのは中止にしようかとも思いましたが、せっかくだからと考え直し、迂回ルートで行くことにしました。

当初の見込みから遅れること1時間。やっとその会社に着きました。

インターホンを押します。

ここでまた、茶目っ気の虫が動き出しました。せっかく迂回までして来たのだから、もっと楽しんじゃおう。

「こんにちは~。○○○宅急便で~す」

宅急便屋さんになりすまし、ドアが開いたら「違うじゃん！」と、笑いをとろうとしたのです。

ところが、ぼくが「○○○宅急便で~す」と言った途端に、中から大笑いが……。

え⁉　ドアをあける前にバレちゃった？

どうしてわかっちゃったんだろうと思っていると、ドアが開きました。中に入ると、なんとそこに、本物の「○○○宅急便」の人がいるじゃありませんか！　ぼくはバツが悪くて思わず平謝りです。でも、みんなは大笑い。

聞くと、集荷に来たその宅急便屋さんが、「実は私の弟も、○○○宅急便で働いているんですよ」と話していたちょうどそのときに、ぼくがインターホンを押したのだそうです。

「わー！　話していたら、本当に弟さんが来た⁉」とみんな爆笑したのでした。

「いやあ、私も本当に弟が来たのかと思いましたよ」と、宅急便屋さんも笑いながら言いました。

ぼくは苦笑いしつつも、ホッとひと安心。そして、「そうだ！」と思い出しました。

1つ余分に買ったたい焼きが、どこに行ったか、もうおわかりですね。


単なる笑い話、単なる偶然のようですが、気づきました。運転見合わせになったとき、自分の計画が狂ってひどい目に遭ったように感じたけれど、実は絶妙のタイミングで、すべてがつながるようになっていたのです。

お土産のたい焼きを買わなければ、電車に乗り込んでから事故が起きて、車内に閉じ込められていたかもしれない。もし、予定どおりに会社に着いていたら、宅急便屋さんと遭遇することはなかった。さらには余分に買ったたい焼きが、まさにピッタリの人のところに行くこともなった。

改札の人だかりを見て訪問をあきらめたり、イライラしたりしていたら……。そして数分、もしかすると1分でもずれていたら、こんな面白い展開にはならなかったでしょう。

予定や計画と違う展開になったとしても、物ごとはちょうどいいように運ぶようになっているのかもしれません。しかも、寸分のズレもなく。

このような出来事に遭遇すると、正観さんの「人生のシナリオは決まっている」という教えは、やはりそのとおりなのかもしれないと思えてきます。

人生で起きる出来事、体験することは、すべて生まれる前からシナリオが決まっているという考え方です。

今の話のような些細な出来事ですら、自分の思惑や計画だけでは、こんなにすごいシナリオを実現させることはできません。さまざまな状況が絡み合って、しかも寸分のズレもなくつながるわけですから、人間の力でできるものではありません。まさに神ワザです。

自分にとっては思いもよらない想定外のことも、実は大きな視野で見ると、必要なことが必要なタイミングで起きるように、シナリオとしてちゃんとできていることに気づく。もっともそのほとんどは、あとになってから気づくわけですが。

偶然の積み重ねのように思える日々の出来事も、シナリオという視点で見てみると、1枚の大きな織物のように、織り成されていることに気づきます。

1枚になっているということは、織物の糸はすべてつながって、絵柄を描いているということ。シナリオは、過去から未来に向かってすべてつながっている。つまり、あらかじめ決まっているということになります。

すべてがあらかじめ決まっているとしたら、ジタバタしても仕方がありませんね。

出来事に文句や不満を言うのではなく、出来事を受け入れて、その次にどうすればいいかを考えることにエネルギーを向けたほうが生産的でしょう。


一方、「いや、人生（運命）は確定的に決まっているわけではない。自らの自由意志で切り開いていけるものだ」という考え方もあります。

どちらの言い分にもうなずける部分がありますが、ひとつ言えることがあります。

それは、「人生は、あらかじめ決まっていても決まっていなくても、それがどう展開するか、なにが起きるかは、人間にはわからないようになっている」ということ。

占いや予測やインスピレーションで、未来を垣間見ることはできるかもしれません。でも、すべてがわかるということは、多分ない。未来がわかったらいいなと思うことはあるけれど、先の展開がすべてわかっているゲームなんて、おもしろくないでしょう。

その点、人生というゲームはよくできています。先のことは、わからないようになっている。だから、おもしろいわけです。

シナリオは決まっているのかもしれません。でも、どこからどういう展開がはじまるかはわからない。もしかしたら、今この瞬間から、おもしろい展開がはじまる、いえ、はじまっているかもしれないのです。そう考えたら、ちょっとワクワクしてきませんか？

人は、喜ばれる存在になるために生まれてくる

――「喜ばれる」ということは、自分と相手とで生み出す共同作業です。

病気や職場での苦労など、いろいろと大変な時期を乗り越えて、今は穏やかな毎日を送っている友人が、あるときこんな話をしてくれました。

「今の私は、日々の中に幸せをたくさん感じることができるようになって、本当に生きているだけでありがたいんです。以前はそんなこと考えもしなかったけど、今はただただ感謝の日々で、もし神さまがいるとしたら、恩返しをしたい気持ちでいっぱい。神さまへの最大の恩返しは何だろう？　そう考えたときに、私が楽しんで生きることなんじゃないかと思ったんです」

ぼくはすばらしい話だと思い、彼女に言いました。

「そのとおりだと思うよ。親子の関係に置き換えてみると、わかりやすいよね。子どもが親に恩返しをしたいと思ったとき、なにがいいだろうかってあれこれ考えると思うけど、親からしたら、子どもが明るく楽しく元気に生きてくれることが一番だもんね」

もちろん、子どもから旅行に連れて行ってもらったり、家を建ててもらったりしたら、親はとても喜ぶでしょう。肩もみや感謝の言葉だけでも、十分にうれしいでしょう。

でも、子ども自身の元気な姿ほど、親を喜ばせるものはありません。子どもから直接なにかをもらったり、してもらったりするのももちろんうれしいけれど、やはり親としては、子どもが幸せでいてくれることがもっとうれしいでしょう。

「きっと、神さまもそうなんじゃないかな。神さまが親で、人間が子どもだとしたら、神さまにとって一番うれしいのは、人間が明るく楽しく元気に生きている様子を見ることでしょう。だから、一番の恩返しは、おっしゃるとおり、自分自身が明るく楽しく元気に生きることだよね」

子どもの喜ぶ姿が、親にとっての一番の喜びということですね。

私たち人間の場合、子どもといえば自分の子どものことですが、神さまの場合は、人間全員が自分の子ども。ということは、神さまにとっては、誰が喜んでもうれしいわけです。

喜ぶ人が多ければ、それだけ神さまの喜びも増します。なぜなら、喜ぶ人が多ければ多いほど、生み出される喜びの総量も多くなるからです。

では、私たちにできることは何でしょう?

まず、自分自身が喜ぶことが第1歩です。自分が喜ぶことは、自分のことですから自分でできます。確実に喜びがひとつ生まれます。

でも、さらに1歩進んで、人にも喜ばれたとしたら、喜びはさらに増えます。人に喜ばれると、自分もうれしくなります。

自分が喜ぶことは、1人分の喜びですが、誰か1人に喜ばれたら、自分の分とあわせて喜びは2倍、2人に喜ばれたら3倍です。

喜ばれるということは、相手次第ですから、自分の力だけではできません。でも、相手だけでもできません。つまり、「喜ばれる」ということは、自分と相手とで生み出す共同作業のようなものなのです。

私たちは、自分でできることをするために、そして自分だけではできないことも味わうために、生まれてきた。そして私たちが共同作業で喜びを生み出すのを見て、神さま（宇宙）も喜ぶ。それが、私たちが生まれてくる目的なのかもしれません。

「喜ばれる」ということは、自分も相手も神さまも、みんなが喜ぶということなのです。

大したものではない自分

——自分への期待を低くすると結果に左右されない満足を得られます。

人前で話すときは、緊張しますか？

重要な商談や発表会、スポーツの試合などの前は、ドキドキしますか？

「ちゃんと話せるだろうか？」

「うまく演技が出来るかしら？」

「スムーズに体が動いてくれるといいんだけど……」

大事な場面を迎えたときというのは、誰でも緊張しますよね。思いどおりの結果や成果を出せるかどうか、人からちゃんと評価されるかどうか、自分の持てる力を発揮できるかどうか、気になるのが普通です。

緊張が悪いというわけではありません。適度な緊張が、プラスをもたらしてくれることもあります。

でも、過度の緊張は、それ自体あまり気持ちのいいものではありませんし、いい結果や成果を邪魔してしまうことも多いもの。無用な緊張はないに越したことはありませんね。

そもそも、緊張はどこから生じるのでしょうか？

それは、「うまくできなければいけない」「ちゃんとしなければいけない」「人から評価されなければいけない」という思いからです。

この思いの元になっているのは、「自分はうまくできるはずだ」「自分はちゃんとできるはずだ」「自分は人から評価される人間のはずだ」という自分自身に対する見方。

つまり、「自分は大したものである」という見方です。自分への期待といってもいいでしょう。緊張の元をたどると、行き着くのは、自分への期待なのです。


期待と満足度の関係は、「満足度＝結果／期待」という式で表せます。

期待（分母）が大きいと、結果（分子）も大きくないと満足できません。満足できないのはいやだから、結果を大きくしなければということで、緊張が生まれます。

でも、期待が低いと、結果は小さくても満足できるので、大した結果が出せなくても大丈夫と思い、緊張せずにすみます。

たとえば、「自分は人前で上手に話せるはずだから、うまく話さなければいけない」という強い思いは、自分への期待が高く、ハードルを自ら上げることになります。

そうなると、ハードルの高さに尻込みしてしまうこともあるでしょうし、ハードルをクリアできなければ、自分自身を否定してしまうことにもなるでしょう。すると、次のハードルを跳ぶことも怖くなってしまいます。

一方、「自分はもともと大した話もできないのだから、無理にうまく話そうとしなくてもいい」という軽い思いは、自分への期待が低く、ハードルに尻込みすることもありません。かえってのびのびと話ができて、意外に好評を博することもあるかもしれません。そうすると、次の機会にも軽く跳ぶことができるでしょう。

これは「自分は大したものである」と、期待を上げてはいけないという話ではありません。自分への期待が大きいほど、意欲や励みにつながることもあります。それがパフォーマンスのレベルを上げる場合もあります。

たとえばオリンピック選手も、金メダルを目指すからこそ記録も伸びるし、高度な技も身につけることができます。

ただし、期待よりも低い結果になったとき、自分への満足度が下がるという覚悟はしておく必要があります。それを受け入れる覚悟さえあれば、どちらの道を選択しても、それは自由。自らに由ります。

考えてみると、私たちはひとりだけでは生きていけない存在です。コップ1杯の水を飲むにも、コップをつくってくれた人、それをお店まで輸送してくれた人、お店で売ってくれた人、お水をくみ上げてくれた人、ペットボトルをつくってくれた人、ペットボトルに水を詰めてくれた人、お店で売ってくれた人……、というように、ちょっと挙げただけでも、たくさんの人々のはたらきがなければ、飲むこともできません。

そもそも、水自体をゼロからつくり出すことは、私たち人間にはできません。もともとなに者かがつくってくれた水をいただくだけです。

そう考えると、私たちはできないことだらけです。自分というものは、もともと大したものではないのです。

だから、私たちは、そんなにがんばって期待を上げる必要はないのかもしれません。

「大したものではない自分」ということを前提としていれば、すごく大きな結果でなくても、ひとつのことができたら喜び、ひとつのことが得られたら喜び、ひとつのことを与えることができたら喜べるということになるはずです。

自分への期待を低くするということは、「自分はどうせできないから、ダメなんだ」と卑屈になって自分を否定することではありません。「自分は大したものではないのだから、力まずに、ただやればいいんだよね」と肩の力を抜いて取りかかる、その軽さを言っているのです。

いい意味で期待を小さくすると、結果に左右されることなく満足を得やすい。ときには、思いのほかいい結果や成果になって、なお楽しいということもあるかもしれません。

「大したものではない自分」を認めること。そこには、意外なほど「大した効用」があるかもしれませんよ。

夢も希望もない暮らし

――「思い」を持たないこと。執着を手放すと、悩みや苦しみがなくなります。


おシャカさまは、生まれたときにツカツカツカと7歩歩いて、右手で天空を指差し、左手で大地を指差して言ったそうです。

「天上天下唯我独尊《てんじょうてんげゆいがどくそん》」

この最初の言葉を、「(将来仏になる)私は真に尊い存在である」という宣言だと解釈する人もいます。また「誰もが世界で唯一の存在。この自分という存在が尊いのである」という意味だとする人もいます。どちらも、なるほどそうだなとうなずけますね。

うなずけないのは、「オギャア」の代わりに「天上天下唯我独尊」って、どんな赤ちゃんや⁉　しかも、ツカツカツカと歩いて、指差しポーズまでとるなんて。とうてい人間ワザではありません。まシャカ！　と余計なツッコミはこのくらいにしておいて……。

大人になり悟りをひらいたおシャカさまは、人々に教えを説いていきます。

「執着を手放しなさい」

「思いどおりにならなきゃいやだという、思いを手放しなさい」

今の時代は、「思いどおりになるよう努力しなさい」「思いどおりになるまであきらめるな」と言われることがほとんどです。もちろん、それが大事なときもあるでしょう。

でも、人間や宇宙や人生について深く悟ったおシャカさまは、

「思いにとらわれていると、悩みや苦しみはなくならないよ」

「こうでなきゃいやだという思いを手放すと、幸せがやって来るよ」

と言ったのです。

自分の思いどおりにしたいというのは、誰もが考えることでしょう。思いどおりにいかないと、私たちはつい不平や不満を抱きます。他人や自分を責めたり、怒ってしまったりすることもよくあるでしょう。その背景には、「自分の思いどおりになるのがいいこと」「自分の

思いどおりにならないのは悪いこと」という見方や考え方があるからです。

でも、本当にそうなのでしょうか?

人間の思考で見通せる範囲は限られています。その中で見ると、自分の思いどおりになっていないように見える。でも、自分では思いの及ばない範囲まで視野を広げてみると、実はちょうどいいところに通じる道になっているものです。

思いどおりにならないことに腹を立て、不平不満ばかり言うよりも、それを受け入れて、できることをしていくほうが、いい流れを引き寄せられるし、流れにも乗りやすくなります。思いどおりもよし、思いどおりでなくてもよし。そう考えたほうが楽ではないでしょうか。

正観さんは、「夢も希望もない暮らし」ということをよく言っていました。

夢も希望もない、絶望的な暮らしという意味ではなく、夢も希望も持たなくていい、という教えです。

「夢を持とう」「希望に向かって進もう」「夢を叶えよう」ということが奨励されることの多い今の社会では、かなり異質でユニークな教えですね。

そのこころは、「夢や希望を持つということは、もっと欲しいものがあるということ。もっと欲しいということは、今は不足だということになります。その不足の心を抱いているうちは、どんなにたくさんのものを手に入れても、本質的には幸せや豊かさはやってきません。幸せや豊かさは、今すでに満たされていることに気づき、感謝できる心があってはじめて、感じることができるものだからです」ということ。

だから、夢も希望もない暮らしというのは、すでにあるものに感謝しながら毎日を生きるということを説いたものなのです。

夢や希望は、悩みを生み出すという一面も持っています。「ああしたい」「こうなりたい」という思いを持つと、思いどおりにならなかったときに、それは悩みや苦しみの原因になりますよ、というのです。もし、そうなりたくなければ、思いを持たないこと。これが「夢も希望もない暮らし」のもうひとつの教えです。

先に述べた「満足度＝結果／期待」の方程式でいえば、夢や希望を持つということは、期待を大きくするるということです。

もし期待したよりも結果が小さいと、満足度は低く、つまり、不満になってしまいます。そうならないために、つまり、満足度を上げるために、もっと結果（分子）を大きくしようとするのが、従来の西洋的な解決法でした。

それに対して、東洋的な解決法は、期待（分母）を小さくする（夢や希望を持たない）ことです。

「こうしたい」という思いを小さくすれば（持たなければ）、もし結果が小さくても、満足度は大きくなるというわけです。

「夢も希望もない暮らし」は、「夢や希望を持ってはいけない」ということではありません。「夢や希望に執着しないほうが楽ですよ」ということです。夢や希望を持ちたければ持ってもいい。ただし、それが叶わなかったときには、「思いどおりにならない」という悩みや苦しみにつながりやすいですよ、という構造を正観さんは言っていたのです。

だから、悩みがあってもいいとか、苦しみを味わったほうが手応えがあるとか、思いどおりにならなくても不満は言わないという人は、夢や希望はどんどん持てばいいと思います。それが、原動力になることは大いにあり得るからです。

思いが執着になって、悩みや苦しみにつながるか。思いを持たずに、今あるものに感謝して暮らしていくか。はたまた、思いは持ちながらも、それを原動力にして進んでいくか。いずれをとるかは、それぞれの自由、自らに由ります。

受け入れる

――「もっともっと」という思いを持たずに、「これでいいのだ」と受け入れてみる。

『天才バカボン』を知っていますか? 赤塚不二夫さんが描いたナンセンスギャグ漫画で、バカボンという、ちょっとおバカなキャラクターの男の子の名前がタイトルになっています。

バカボン以上におバカなのが、バカボンのパパ。バカボンパパには、有名なおなじみのセリフがあります。

「これでいいのだ」

危うくズッコケそうになって一件落着したときも、「これでいいのだ」。

おバカなことをして、おバカな結果を招いても、「これでいいのだ」。

なにかにつけて、「これでいいのだ」。

ぼくは子どもの頃、このバカボンパパを見て、「なんてお気楽なんだろう。なんてノーテンキなんだろう」と、それこそバカにしていたものでした。

しかし、実はそうではなかったのです。

「バカボン」という名前の由来は、「バカなボンボン」からきているのですが、もう１つの由来に「バギャボン」というのがあるらしいのです。「バギャボン」とは、インドのサンスクリット語で、「悟った人」という意味。つまり、バカボンやバカボンパパは、悟った人だったのです。

そういう目で見ると、おバカに見えた言動が、まるで違って見えてきます。「これでいいのだ」が、実は深い言葉だということがわかってきます。

普通は、思いどおりの結果にならなかったり、思いもしないことが起きたりすると、「これじゃいやだ」となるものです。それを受け入れられず、否定してしまいます。

ところが、バカボンパパは違います。

どんな結果になろうとも、どんなことが起きようとも、「これでいいのだ」。すべてを受け入れています。すべて肯定なのです。

「悟った人」といえば、「ブッダ」も悟った人を意味する言葉です。

おシャカさまは、もともとシャカ族の王子だったのでシャカと呼ばれ、「悟った人」という尊称としてブッダと呼ばれるわけですが、おシャカさまはどうして亡くなったか、知っていますか?

原因はなんと、食中毒。

おシャカさまご一行をもてなした人が出した料理にあたってしまったと言われています。実は、その料理が少し腐っている（毒きのこが入っていたという説もある）ことを、おシャカさまはわかっていたらしい（もちろん、もてなした人は気づいてなかった）のですが、知っていて食べたのです。

悟りを開いたほどの人なのに、なぜ承知の上で食べたのかというと、お布施として振る舞われたものだったから。つまりその料理は、おシャカさまに対する厚意の表れだった。断ることは、厚意の流れを断ち切ることになる。だから、たとえ腐っていたとしても、ありがたく受け取った（受け入れた）わけです。

「相手の厚意や好意は、素直に受け取る」。身をもってそれを示し、貫いた最期といえます。きっと、おシャカさまも、こう言ったのではないでしょうか。

「これでいいのだ」

バカボンパパは、とても悟った人には見えません。限りなくノーテンキでお気楽なキャラクターにしか見えません。でもそれは、実は、人生を達観した境地を表しているのかもしれません。

あの決めゼリフは、「こうじゃなきゃいやだ」という執着を手放して、すべてを肯定しているからこそ出てくる言葉なのではないでしょうか。

なにがあっても、まず受け入れる。そのひとつのお手本を、バカボンパパは示してくれているように思います。

生きていれば、日々いろいろなことがあります。でも、そこですぐ否定的になってしまうことで大変な思いをするのは、ほかならぬ自分です。その現象自体はゼロ（意味はない）なのに、それに自分で「否定」という色を塗って、「思いどおりでないからいやだ」と文句を言ってしまう。「自分はもっと大したものだ」と思い、それにふさわしい結果となるよう奮闘努力して、でも思うような結果にならないと、ストレスを抱えてしまう。

そんな悪循環にはまるくらいなら、力を抜いて「大したものではない自分」に立ち返ってはどうでしょう。

「もっともっと」「こうしたい」「こうならなきゃいやだ」という思いを持たずに、ゼロの現象をそのまま真正面から受けとめる。そして、起きる出来事を「これでいいのだ」と受け入れてみる。

そうすることで、無用な悩みを避けることができます。そして、きっと楽な方向に心を向けることができるようになるでしょう。

ノーテンキだから受け入れられるのではなく、受け入れるからノーテンキになれるのです。

ちなみに、ノーテンキの別名は、「幸せ」といいます。

受け入れて、ノーテンキになって、幸せ。

そんな安易なことでいいのか？

「これでいいのだ」

おまかせで生きる

――自分の力でがんばるよりも、流れや状況におまかせしてみる。物ごとがスムーズに進み、自分も楽です。


「沖縄マジカルツアー」という、ちょっと変わったツアーを主催しました。

沖縄というのは不思議なところで、目に見えないものを大切にする風土や習慣が古くから根づいています。いわゆる霊能者や超能力者も数多く、ユタと呼ばれるシャーマンは、今でも人々の生活の中で、自然に役割を果たしています。

たとえば、人生の進路に迷ったときや重大な決断を迫られたときは、ユタのところに相談に行くそうです。また、病気や体の調子がよくないというときも、病院ではなくユタのところに行く、ということがあるそうです。

目に見えるものや人知がすべてという価値観ではなく、目に見えないものや人知を超えた、大いなる力にも畏敬の念を持つという沖縄の精神性や文化は、これからの時代が進むべきひとつの方向を示しているようにも思われます。

「沖縄マジカルツアー」は、そうした沖縄の精神性に触れ、不思議な人たちに会って、ゆるやかに楽しく沖縄を満喫しようという趣旨で企画されました。

現地に住む友人に手伝ってもらいながら開催したツアーは、大成功でした。天気にも恵まれ、沖縄の人たちとも触れ合い、不思議な人たちとも交流でき、いくつものマジカルな出来事も起こり、終始笑いと笑顔があふれる楽しい旅となったのでした。

ただ、このツアーの企画が話題にのぼってから募集するまでには、結構時間がかかりました。というのも、ツアーの行程を決めたり、ホテルを選んだり、内容を決めたりという作業を、ぼくが自分の力でやろうとし過ぎたためでした。

現地の友人から情報や行程案をもらいながらも、自分が主催者だからということで、あーでもない、こーでもないと考えているうちに、時間が経ってしまったのです。沖縄のことはあまり詳しくないくせに、自分がやらねばという思いを強く持ち過ぎたのでした。

ツアーがとても好評だったので、また開催しようということになりました。前回の反省に立って、２度目の開催が決まったときは、現地の友人に行程プランを全面的におまかせすることにしました。最低限必要な確認はしたものの、ほぼ丸投げです。するると、友人はあっという間にプランを提案してくれました。そして、ほぼそのままで決定したので、１回目とは見違えるほどスムーズに行程が決まったのでした。

この件を通して、強く感じたことがあります。

それは、「おまかせ」の力と重要性です。

自分以外の人におまかせすることで、自分ひとりでがんばるよりも、ずっとスムーズに物ごとが運ぶ。そして、ひとりでつくるよりも、ずっといいプランができる。それを実感したのでした。

餅は餅屋。沖縄のことは沖縄の人に。あたりまえですが、沖縄に住んでいる友人におまかせしたほうが、いいものができるに決まっています。そして、ありがたいことに、そのほうが自分も楽なのです。

目に見えないものや、大いなる力を大切にする沖縄で、大いなるものの力におまかせするということの大切さを学ばせてもらいました。

また、流れにゆだねるという意味でも、「おまかせ」は大事です。

ぼくの友人に、生命保険のトップセールスレディがいます。彼女は、所属する保険会社の社内表彰や保険業界での世界的なセールスパーソン組織の会員資格を、10年以上継続しているというスゴ腕です。

彼女の明るい人柄や、きめ細やかで的確な仕事ぶりが、お客さんの信頼と評判を得て、それだけの実績を生み出し続けているわけですが、もうひとつ大切にしていることがある、とその秘訣を教えてくれました。

それは、契約にならなくても、焦らないこと。

自分では「契約をいただけるな」という手応えを感じても、実際には契約してもらえないケースがあるのだそうです。でも、彼女はそこで、さらにお客さんをプッシュしたり、さらに営業をしかけたり……ということはしないのだとか。「今回はタイミングじゃなかったんだな」と受け入れ、潔く流れにまかせてしまうのです。

すると、しばらく経って、ときには何年も経ってから、そのお客さんから連絡があり、契約にいたるということが、しばしば起こるのだそうです。

自分の力でがんばるよりも、流れや状況におまかせしてしまう。そのほうが、ちょうどい

いタイミングで、適切に物ごとが進んでいくことになりやすいのです。

自分の思いどおりにしようと、いくらシャカリキになっても、人も状況も動かせるわけではありません。自分の力で動いたように見えても、実際は、人や状況が動いてくれただけです。たまたま動いてくれたから、自分が動かしたように感じられただけです。

私たちには、自分の力だけで動かせるものは、ひとつもない。空気ひとつ生み出すこともできなければ、食べ物ひとつつくることもできない。

人や社会や自然や宇宙の力を借りなければ、なにもできない。それが私たちです。

私たちは誰もが、人や自分以外の力のおかげで生きているのです。だとしたら、**その力や流れにおまかせしていくのが、もっともスムーズで、自然で、楽でしょう。**

「おまかせ」で生きることの利点を、私たちはもっと考えてもいいのかもしれませんね。

第3章

見方道

幸と不幸はワンセット

――不幸があるから幸せがわかる。ワンセットになったとき、どちらも宝物になります。

ぼくの友人に、腰塚勇人《こしづかはやと》さんという人がいます。彼は、スキーで大転倒し、首の骨を折るという大ケガをしてしまいました。手術によって九死に一生を得ましたが、全身マヒで、手足はピクリとも動きません。

「俺の人生、終わった」

中学校の熱血体育教師として、体を張って生徒たちを指導してきたこれまでの日々はおろか、体を動かすことすらできない現実に、腰塚さんは絶望の淵に落ちます。

病室の天井を見つめながら、「死にたい」と考える日々。

そんなある夜、当直の看護士さんとのやりとりの中で、自分のことを本当に理解しようとしてくれる人たちが、まわりにいてくれたことに気づき、一晩中、号泣します。

そして、奇跡が起きました。指がピクリと動いたのです。

それからというもの、まわりの人たちに支えられてリハビリにも懸命に励み、なんとケガから4ヵ月後に、再び教師として職場復帰を果たすという、奇跡を遂げたのでした。その経緯は、著書『命の授業』（ダイヤモンド社）で詳しく語られています。

現在は教員を辞め、「命の授業」講演家として、全国各地で自分の体験にもとづいて命の大切さ、命の喜ぶ生き方を伝えています。

腰塚さんにはじめてお会いしたとき、彼は右手を見ながら、こんな話をしてくれました。

「今も右半身にはマヒが残っています。左半身の回復も以前の8割くらいまで。日々の中で不自由さを感じることもたびたびです」

右手は完全に握ることができず、肩の高さまでしか上げることができません。

「でも」と腰塚さんは言います。

「右手のマヒがあるから、動いてくれる左手があたりまえではないこと、ありがたいことなんだとわかるんです。動かない右手があるから、8割がた動くようになってくれた左手に感謝できるんです。それを忘れないよう、いつも教えてくれるこの右手は、私の宝物です」

満足に動かない右手は、一般的な見方でいえば「不幸」ということになるかもしれません。でも、その不幸のおかげで、8割も動いてくれる左手が「幸」であることをいつも感じられるというわけです。もし右手が気づかせてくれなければ、左手も8割しか動かない「不幸」な手に見えたかもしれません。

不幸があるから幸がわかる。つまり、幸と不幸はワンセットなのです。

身のまわりに目を転じてみれば、この構造がいたるところにあることがわかります。

空腹があるから、食事がおいしいという幸せがある。貧乏を経験したから、ものが買えるという幸せがわかる。病気になって、健康のありがたさが身にしみる。ひとりぼっちの孤独な日々があったから、友人がいてくれる喜びに感謝することができる。

幸と不幸は、コインの表と裏のようなものです。一見相反するように見えて、両方があるからそれぞれを感じることができるわけです。片方がなければ、もう片方を感じることもできないのです。

そう見ると、一般に不幸と思われていることは、果たして本当に不幸なことなのだろうか、ということに気づきます。

腰塚さんのマヒの残る右手は、本当に不幸なのでしょうか？　空腹は、貧乏は、病気をすることは、ひとりぼっちの孤独な日々は、本当に不幸なことなのでしょうか？

幸せに気づかせてくれた瞬間に、それらはもう不幸ではなくなるのではないでしょうか。

腰塚さんが、「マヒの残る右手は私の宝物です」と言うとおり、不幸だと思っていたものでも、幸に気づかせてくれたというだけで、それはもはや不幸ではなく、その人にとっての宝物に変わるのではないでしょうか。

幸と不幸はワンセット。ワンセットになったとき、どちらも宝物になる。

「幸も不幸も存在しない。そう思う心があるだけ」という本質がありますが、幸と不幸をワンセットで見ることができると、私たちはすでに宝物の海の中にいるということに気づくと思います。

なにごとも起きない普通の日常が、幸せの本質

――あたりまえのことに感謝できると、幸せはあたりまえの中にあることがわかります。

あなたは、1日に何回「ありがとう」と言いますか？　10回～20回？　それ以上？

それとも、3回～5回？　それ未満？

たくさん言えばよくて、少ないとダメというわけではありませんが、「ありがとう」が言えるということは、心が満たされているということです。多いに越したことはありません。

幸せとは、「ありがとう」が言えること。逆に、ありがとうがたくさん言えるということは、それだけ幸せな瞬間が多いということです。

だとすれば、日々の中で、ありがとうをたくさん言おうと意識するだけで、私たちの幸せ度は上がるはずです。

日々の中で、あなたが「ありがとう」と感じることをたくさん書き出してみましょう。できれば、100個以上書き出すつもりでやってみてください。

どうですか？　書き出せましたか？

すんなり書き出せた人もいるかもしれませんが、100個もの「ありがとう」は、なかなか挙げられないという人がほとんどでしょう。

困りましたね。このままでは、「ありがとう」の危機⁉　かもしれません（笑）。

どうしたらいいでしょう？

この問題はいったん置いておいて、今度は、日常の「あたりまえ」と思うことをたくさん書き出してみましょう。

たとえば、朝、目が覚めた、歩いて出かける、食事をする、電車や車に乗る、財布や口座にお金がある……というように。できれば、100個以上書き出してみましょう。

どうですか？　「あたりまえ」のほうは、結構スムーズに書き出せたのではないでしょうか？　毎日の行動で、あたりまえにやっていることや、今日の出来事を振り返るだけでも、たくさん出てきますから、カンタンなはずです。

書き出したら、それを見直して、こう問いかけてみましょう。

「あたりまえのことは、本当にあたりまえか？」

朝、目が覚めること、歩けること、食事ができること、電車や車に乗れること、財布や口座にお金があること……。

どれもごくあたりまえのことばかりですが、世界（とくに発展途上国など）に目を向ければ、これらが決してあたりまえでない人々はたくさんいます。

あなたが挙げた項目の中には、ケガや病気をしている人にとっては、あたりまえとは感じられないものがたくさんあるでしょう。

あたりまえと感じる人もいれば、そう感じない人もいる。これはなぜでしょう。

あたりまえのことができなくなってはじめて、それが実はあたりまえではないということに気づくからです。

物ごとの価値は、失ってからわかるもの。失ってからやっと、それが「有り難い」（なかなか存在しない）ものだったのだと気づくのです。そして、物ごとはいつか必ず失うときがきます。このことがわかれば、失ってしまう前に「有り難い」ことに気づけるようになるかもしれません。

「あたりまえ」は、あたりまえではなく「有り難い」ことだった。そのことに気づくと、日々の中で「ありがとう」と感じることも増えるでしょうし、「ありがとう」と言う回数も増えていくはずです。

あたりまえのことに「ありがとう」と言えると、「幸せはあたりまえのことの中にある」ということがわかります。これはまさに、正観さんの言う、「なにごともない普通の日常が、幸せの本質」ということです。

「もっともっと」と「ない」ものに焦点をあてて追いかけているうちは、満足や豊かさを感じることはできません。「ないない」と言っているのと同じですから、特別なにごとかが起きない限り、満たされることはないわけです。

でも、すでに「ある」ものに焦点をあてて感謝することができるようになると、満足や豊かさを感じることができます。たくさんのものが「あるある」と言っているのと同じですから、なにごとも起こらないごく普通の日常でも、心は満たされているわけです。そこに幸せの本質があります。

失ってから気づく「あたりまえ」の「有り難さ」を、失う前に気づくことができると、自分がすでに幸せの中にいるということを感じることができるようになりますよ。

喜びの上乗せ

――100点を基準にして足りないことに不満を言うより、ゼロを基準にして喜びを上乗せする。

京都の龍安寺《りょうあんじ》に、「知足のつくばい」というものがあります。つくばいとは、茶室の前にある石の手水鉢《ちょうずばち》のこと。龍安寺のそれは、変わったデザインで有名です。

上から時計まわりに「吾」「唯」「足」「知」の4文字が刻まれていて、中央の水を張る四角い穴が4文字それぞれのへんやつくりの「口」として共有される形になっています。続けて読むと、「吾唯足知」（吾《わ》れ、ただ足るを知る）となります。「足るを知る」を取って、「知足のつくばい」と呼ばれているわけです。

「足ることを知るものは、貧しといえども富めり。足ることを知らぬものは、富めりといえども貧し」という禅の教えや茶道の精神を表しているとされています。

人間の豊かさや幸せは、持っているものの量や数で決まるのではなく、それに満足するか不足と思うかで変わってくるという教えです。

これは、少ないもので我慢しなさいという意味ではありません。なにを基準にするのか、ということを問いかけているのです。足りないもの、ないものを見るのか、足りているもの、あるものを見るのか、ということを問いかけているのです。

豊かさや幸せというのは、外の状況で決まるものではなく、内側で感じるものだから、際限のない欲望に振り回されることなく、今あるものに感謝できることが大切だということを教えてくれています。

たとえば、テストで58点をとったとしましょう。100点満点を基準にすれば、42点も足りない、ということになります。でも、0点を基準にすれば58点もある、ということになります。

私たちは長年、100点満点を基準にした教育や価値観の中で生きてきたため、どうしても「これができない、あれができない」というところに目が行きがちです。できないことばかりをあげつらってしまいます。

これは、際限のない欲望を基準にして「あれが足りない、これが足りない」と不平不満や文句を言うことにも通じます。「足りない＝マイナス」の世界です。「足ることを知らぬものは、富めりといえども貧し」の世界です。

それに対して、ゼロを基準にすれば、「これができた、あれもできた」と、できることを一つひとつ認めることができます。「ないのがあたりまえ」が前提なので、「あれもある、これもある」と喜びを上乗せしていく「足りる＝プラス」の世界です。「足ることを知るものは、貧しといえども富めり」の世界です。

58点という点数は同じです。それを「足りない」と見るか、「これもある」「うれしい」と見るか。**100点を基準にして足りないものを不満とするか、ゼロを基準にして喜びの上乗せをするか**。どちらも自由、自らに由ります。

でも、幸せや豊かさを感じるためのポイントは喜びの上乗せにある。そのことは覚えておいて損はありませんよ。

代償先払い

――マイナスに見えることが起きると、宇宙の法則によってプラスの出来事が起きやすくなります。

「ピンチのあとに、チャンスあり」とはよく言われることです。スポーツの試合などではよくあることですが、ピンチに陥ったあとには、チャンスがめぐってくることが多い。

ピンチのときというのは、流れが相手側に行っているときですが、やがて流れは振り子のように戻ってきて、自分にもチャンスを運んできてくれることが、往々にして起こります。

現象はすべてゼロが本質で、ゼロからプラスとマイナスが分かれ、バランスを取りながら存在しています。

すべて足し合わせると、ゼロに戻るというバランスのもとに宇宙はできているので、一方だけに流れが行き続けるということはありません。だから、ピンチに陥っても悲観し続ける必要はないのです。

実際、ピンチのあとにチャンスがめぐってくることは、スポーツ以外でもあります。パソコンが突然壊れて困っていたら、思いがけず譲ってもらうことができた。長年付き合った彼と、まさかの別れがきてしまった。ところが、そのあと知り合った彼と結婚し、幸せな家庭を築くことができた。交通事故で1カ月入院することになってしまった。そのおかげで、不要だった人間関係を整理することができた、など。

こうしたことがよくあるのは、（一見）マイナスのことが起きると、バランスを取ろうとする宇宙のはたらきによって、（一見）プラスのことが起きやすくなるからです。

だとしたら、ピンチやマイナスに見舞われたとしても、それはそのあとに来るチャンスやプラスのための代償を、先に払ったと見ればいい。

これは「代償先払い」という考え方です。

ただし、ポイントが1つあります。それは、**自分にとってマイナスや不幸だと思えるようなことが起きたときに、五戒を言わないということ**。

「五戒」とは、あとで詳しく紹介しますが、「不平不満・愚痴・悪口・泣き言・文句」の5つの否定的な言葉を言うこと。これらを口にすると、途端に流れがストップしてしまいます。せっかく代償先払いしたのに、五戒を言うと、そのあとのギフトが運ばれてこなくなってしまうのです。ああ、もったいない。

そんなことにならないように、ピンチやマイナスを受け入れ、「これは何の代償先払いだろう?」とギフトを楽しみに待つようにしましょう。

でも、流れが振り子のように戻ってくるとしたら、いいことが起きても、そのあとにピンチやマイナスがやってくることになる。つまり、もし「代償後払い」があるとしたら、せっかくのいいことがあっても手放しで喜べなくなってしまいますね。そうならないようにするためには、どうすればいいでしょうか?

この代償後払いのキャンセル方法は簡単です。

感謝をすればいいのです。

いい流れが来たとき、いいことが起きたときに、それがあたりまえだとか、自分の力だと奢《おご》ってしまうと、流れを遮断してしまいます。代償をあとで支払わなければならなくなってしまいます。ちょうど、代償先払いになるチャンスがやって来たときに、五戒を言ってしまって自分への流れを遮断してしまうのと同じです。

感謝をするということは、受け入れるということなので、流れを受け入れることになり、流れが味方し続けてくれることになりやすいのです。

この「代償先払い」の効果は意外なほど大きいですよ。ピンチやマイナスが大きいほど、つまり代償先払いが大きいほど、あとからやって来るチャンスやプラスも大きくなるということですから。「これは何の代償先払いかな?」とちょっと楽しい気分でマイナス（と見えること）を受けとめたり「それはよかったね。おめでとう」と言ってあげたりしてみましょう。

淡々と生きる

――「思い」が「重く」なると、いい流れや応援を止めてしまいます。

「心を込めて〇〇させていただきます」

そう言われると、うれしいですよね。心を込めてつくられたものや、心のこもったサービスは、その人のあたたかさが伝わってきて、受け取るほうも心地よいものです。ということは、自分がなにかをするときも心を込めることが大切ということですね。

ただ、例外もあるようです。

ある絵描きさんのライブパフォーマンスを見る機会がありました。即興で直感のままに筆を動かし、観客の前で見ごとな絵を描き上げるすごい技。その一筆一筆には、心どころか魂が込められているようにすら見えます。

見ごとなパフォーマンスで素晴らしい絵が描き上げられ、拍手喝采！

そのあと、観客のひとりが質問しました。

「やっぱり、心を込めて描かれるんですよね？」

その答えは意外なものでした。

「いいえ、心なんて込めません。心を込めていたら身が持ちません。描くときは無心です」

それを聞いて、ぼくはハッとしました。心を込めないほうがいい場合もある。下手に自分の思いを込めようとするよりも、無心になって、淡々とやるほうが、かえっていいというケースもあるのです。

決していい加減な気持ちで描いているということではなく、自分の我を入れずに描くということなのでしょう。思いを込めて描こうとすると、その思いが邪魔をして、いいものが出てこなくなる。自分の「思い」が「重い」になって、流れやほかからの力を止めてしまう場合もある。自分だけの力で描くのではなく、自分以外の力を借りるためには、心を無にして淡々と描くことが大事。そういうことなのでしょう。

正観さんも、まったく違う場面で同じ言葉を言ったことがあります。あるイベントで、正観さんの仲間が集ったときのことです。

みんな笑顔で、会場には笑い声とあたたかい空気が満ちあふれています。楽し過ぎてはしゃいでいる人もいます。その様子を、正観さんはとてもうれしそうに微笑みながら見ていました。そしてしみじみと、「いい仲間ですね～」とつぶやきました。その正観さんの幸せそうな横顔を見ているぼくのほうが幸せというくらい、あたたかい気持ちになりました。

「正観さんは、あんなふうに喜びを体中で表現したくなることってないですか？」

そう訊くと、正観さんは、おだやかにひと言。

「そんなことをしていたら、身が持ちません」

たしかにそうです。年間３００回以上の講演を行い、膨大な数の人々に会う日々を考えたら、いちいち一喜一憂しているわけにはいきません。感情の起伏に左右されていたら、とても身が持たないでしょう。もちろんよき仲間に囲まれ、心の中は喜びで満たされていたと思いますが、正観さんは、ただ淡々と、目の前の友人、知人を大切にして生き続けたのでした。


淡々とやるというのは、さまざまな場面で使えそうです。

たとえば、なにかをはじめたり、取りかかったりするとき。やる気を持って、きちんと心を込めてやろうとするのだけれど、なかなかやる気にならず先延ばしになってしまう。ちゃんとやらなければと思いを込めると、いろいろ考えてしまって取りかかれなくなる。そういう状態に陥ることはありませんか?

そんなときは、心を込めないでやってみるといいかもしれません。無心になって、動いてみる。何気なくやってみる。とくに思いを持たず、「きちんと」という責任感もはずして、まるで他人ごとのように取りかかってみる。

そして、一喜一憂せず、淡々とやる。

そんなふうにしてみると、軽くはじめることができ、いい流れに乗ることができます。**淡々と生きるということは、思いを強く持たないということですから、おまかせで生きるということに通じます。**思いを軽くして、自分も相手も楽しく喜べるようにしていきたいものですね。

謙虚と傲慢

――自分の思いで判断せず、人の善意や頼まれごとや流れに素直に乗ること。
それが謙虚といいます。

平成23年2月10日に、小林正観さんの3時間講座を主催しました。入退院を繰り返していた正観さんの講演会を主催するのは、半年ぶり。久しぶりの講演会に会場は満員御礼、みなさんとても喜んでくださいました。その後の食事会でのことです。

正観さんが、ポツリと言いました。

「高島さんは、私の講演会を１００回以上主催して、私の話ももうずいぶん分聴いているのだから、講演会で話せばいいんですよ。『正観塾・師範代』と名乗って、私の代わりに話していいですよ」

突然の思いもよらない言葉に、ぼくは一瞬、固まりました。ぼく自身、そのときすでに講演やセミナーの講師はやっていましたが、正観さんの代わりに話すことなどできるはずがありません。ましてや、「師範代」だなんて。

（無理です！　できるわけありません！）

頭の中ではそんな声がうずまき、思わず口に出しそうになりましたが、正観さんの次の言葉をハッと思い出し、言葉を飲み込みました。

「人からなにかを頼まれたり、なにかを勧められたりしたとき、私になんてできませんと言って断るのは、謙虚とはいいません。傲慢といいます」


一般的には、自分の力を低く見て、謙遜することをよしとします。出過ぎたことをしないよう、目立たないようにすることが謙虚とされます。逆に、そうした遠慮をせずに、どんどんやったりすると、傲慢と言われることもあります。

しかし、「自分は未熟者なので」と遠慮して断ることは、見方を変えると、人の善意や厚意を受け取らず、宇宙の流れや支援を受け入れないということになります。

せっかく自分に向けられた流れを、自ら断ち切るわけですから、実はそのほうが宇宙的に

見ると傲慢です。

そして、自分がどうのこうのということは言わずに、人の善意や厚意、頼まれたことや勧められたことに素直に乗ることは、宇宙的に見ると謙虚ということになります。

人からどう見られるか、とくに、世間的にどう評価されるかを基準にするのが、一般的な意味での謙虚と傲慢ですが、本当の意味では、宇宙の流れや人からの支援に素直に乗るか、乗らないかということが基準になるのです。

「ここで『私になんてできません』と言うのを、傲慢というんですよね？」

そう訊くと、正観さんはひと言、

「そのとおりです」

こうしてぼくは、心の中は動揺しまくりながらも、師範代を拝命したのでした。

正観さんは、「神がもっとも好む人間の性質は、謙虚です。もっとも嫌うのが、傲慢（おごり、高ぶり）です」ということもたびたび言っていましたが、謙虚と傲慢の関係は、1章で紹介した「自我＋おまかせ＝１００」という方程式で見ると、またよくわかります。

簡単に言うと、「自我が大きくなるほど傲慢。おまかせが大きくなるほど謙虚」ということ。

自我、つまり自分がこうしたいという思いや、自分の力で動かしているという思いが大きくなることが、傲慢です。

それに対して、おまかせ、つまり、自分以外の力や流れにまかせることが、謙虚です。「自分なんかには無理です」と断るのは、自分以外の力や流れを受け入れず、自分の思いで断ち切っていますから、謙虚ではなく傲慢ということになるわけです。

そうは言っても、実際に引き受けてしまうと、とても重荷になったり、やっぱり自分には無理だと思って葛藤したりすることもあるでしょう。しかし、そういうときは、自分で無理だと断ち切らなくても、本当にダメなときはちゃんとダメになりますから、それもおまかせして、謙虚に淡々とやっていくといいのではないでしょうか。

安心して謙虚の道を進んでいくと、おもしろい展開がきっと待っていますよ。

風は吹いていますか？　川は流れていますか？

――風にあと押しされ、川の流れに運ばれるような人生。それが奇跡的な展開をもたらします。

以前、ぼくが勤務していた会社を辞めるときのことです。

半分リストラのような形で退職を勧告され、しばらくは「なぜだ⁉　どうして自分がこんなことを言われなきゃいけないんだ⁉」と承服できない気持ちでいっぱいでした。

突然そんなことを言われても、次の仕事はどうしたらいいのかまったくわからないし、そのあてもないし、でも家族を養っていかなければいけないし。

混乱しつつ、友人に電話をかけてそのことを話すと、「それって、辞める流れなんじゃないの？　辞めちゃえば？」とあっさり言われました。

あまりのあっさり加減にびっくりしましたが、その2日前にもあるところで「(なにかを)手放す」という意味のメッセージを受け取っていたことを思い出した。

「たしかに、友人が言うように辞める流れなのかもしれない」

自分でも驚くほどあっさりと、勧告を受け入れて辞めることを決めたのでした。

それから少し経って、お世話になっている人に会社を辞めることになったと話したところ、その人が「じゃあ、自分で会社をつくったらいいじゃないですか」と、これまた思いもよらないことを言ってくれました。言うだけでなく、物心両面にわたって大変な支援をしていただき、退職後すぐに「株式会社ぷれし〜ど」を創業することができてしまったのです。

この支援をしてくれたのが、ほかならぬ小林正観さんでした。

もし、あのとき友人が「辞めちゃえば」と言ってくれなければ……、もし、その2日前に「手放す」というメッセージを受け取っていなければ……、突然の退職勧告を素直に受け入れることはなかったと思います。会社や相手に対して文句を言い、抗議をして、問題がこじれていたかもしれません。勧告を素直に受け入れなければ、正観さんに淡々とそのことを伝えることはできなかったかもしれません。

でも、辞める方向へと、風が吹いていたのでした。そして起業するように、川は流れていたのです。

正観さんやみなさんからのあれほどの支援がなければ、「ぷれし〜ど」ができることはありませんでした。会社をつくるという発想も意志も熱意も、ぼくの中にもともとあったわけではないのですから。

この一連のプロセスの中に、自分自身の意図や願望といったものはほとんど入っていません。むしろ、まわりの人たちに助けられながら、風にあと押しされ、川の流れに運ばれるようにして、退職から独立起業へと進んでいったのでした。

ぼくがしたことと言えば、その風や川の流れに乗っていい出来事や人の言葉やサインを見落とさずに、素直に受け入れたということだけです。

でもそれは、自分だけで考えて、自分の力だけで事態を動かそうとするよりも、よほどスムーズにことが運び、よほど奇跡的な展開をもたらしてくれたのです。

自分の意思で動くときも同じです。

たとえば、転職をしようと考えているときであれば、次の仕事や会社との出会いがいいタイミングでやってくるかどうか、今の会社での仕事が問題なく回っていて自分が離れやすい流れになっているかどうか。

習いごとをしようか決めかねているときであれば、習いごとに使えるお金がちゃんとあるかどうか、それをあと押ししてくれるような言葉との出会いや友人の示唆などがあるかどうか。

休みをとって旅行に行きたいときであれば、旅行や行き先にまつわる話題が思わぬところで出るかどうか、上司との関係もうまくいっていて休みの許可をくれそうかどうか。

そんな観点で、まわりの状況やサインに意識を向けてみるといいでしょう。

ある方向に動くとき、風は吹いていますか？　川は流れていますか？

それを見て、感じて、サインをキャッチして、示唆を得ることができると、楽しい流れに乗っていくことができますよ。

第4章

実践の道

日常生活が最高の道場

——日常生活の中に、楽しさやありがたさを見出して過ごす。それが練習であり本番です。

有名な笑い話があります。

南の島で、ある男がバカンスを楽しんでいました。若い頃から一所懸命に働き、自分の会社を興し、事業を成功させ、地位と財を築き上げた実業家です。

お金持ちになって、裕福な暮らしを楽しめるようになった彼は、リフレッシュするためにこの島に滞在していました。

ある日、ビーチに行くと、1人の若者がのんびりとヤシの木陰で寝転んでいました。それを見た実業家は思わず声をかけます。

「こんな昼日中から、いい若者がこんなところで寝てちゃいかんよ」

若者が顔を上げると、実業家は続けて言いました。

「一所懸命に働いてお金を稼ぎなさい」

若者が聞きます。「一所懸命に働くと、どうなるの?」

実業家は答えます。「決まっているだろう。暮らしも楽になるし、がんばれば自分の会社だって持てるかもしれないじゃないか」

「自分の会社を持つと、なにかいいことあるの？」

「もちろんだ。事業を成功させれば、お金持ちになって地位も財産も手にすることができるよ」

「事業を成功させてお金持ちになると、どうなるの？」

「そうすれば、こんなふうに南の島に来て、ビーチでのんびりと過ごすことだって可能になるんだぞ」

若者はあっさりと言いました。

「ビーチでのんびり過ごすことだったら、ぼくはいつもやってるよ」


そもそもの目的は何なのか？　本来求めていることは何だったのか？　それが抜けてしまうことの滑稽さを描いた笑い話です。目的よりも手段のほうにばかり目を奪われていると、本末転倒になってしまうという教訓ですね。

でも、これは他人ごとではありません。ぼくも、本来の目的を忘れかけたことがありました。

ぼくは大学を卒業後、ある大企業に入社し営業部に配属されたのですが、同業他社との競争やシェア争い、数字や業績による管理や指示になかなか馴染むことができず、悶々とした日々を過ごしていました。

その中で、精神世界の本を読むようになり、そこで語られる素晴らしい考え方や高邁な思想、新たな時代を予感させる世界観に強く惹かれるようになりました。

そして、入社して3年が経ち、思いもしない経緯で精神世界の専門出版社に転職することになったのです。憧れの世界に飛び込むことのできたぼくは、ウキウキ気分でした。

「ここにいれば、以前のように競争や数字に追い立てられずにすむ。お金や業績にこだわって、レベルの低いことばかり言っている一般社会と違って、精神世界はレベルの高い世界だから、そこにいれば幸せになれるぞ」

実際、精神世界に関わる中で、目にするもの、耳にする話には、とても興味深くおもしろいものがたくさんありました。常識にとらわれず、心の豊かさを重んじて、自由におおらかに生きようとする人の姿にも触れました。

でも一方で、日常生活がおろそかになったり、口ではいいことを言うけれど、実際の行動が伴わなかったり、ちょっと首をかしげたくなるような行動をする人もたくさん目にするようになります。

ぼく自身も、大きな勘違いをしていました。

精神世界はレベルが高くて、現実世界はレベルが低いと思っていたこと。そして、精神レベルや意識レベルなどといったものさしで人を測り、比較し、評価するようになっていました。心の勉強をしているはずなのに、ふだんの仕事や家庭ではそれを忘れて、他人の評価を必要以上に気にしたり、怒ったり、不平不満を言ったりすることもたびたびだったのです。

これでは、なんのための精神世界を学んでいるのか、わかりません。

豊かに、楽しく、幸せな人生が目的だったはずなのに、いくら一所懸命に心の勉強や修行をしても、それがふだんの生活に生かされなければ何にもなりません。

日常とかけ離れたところで特別な教えを学んでも、それだけでは、幸せな毎日はやってこないのです。

「日常生活が最高の道場なんですよ」という正観さんの言葉で、それをあらためて気づかされました。

心の勉強も精神的な修養も、勉強のための勉強、修養のための修養になっていたのでは、あまり意味がありません。日常生活で実践できるか、それが大事なのです。

特別な勉強や修養よりも、毎日の中で実践を重ねていくことのほうが、ずっと必要で、ずっと効果的です。

豊かに、楽しく、幸せに生きるためには、日常生活という本番こそが、実践という練習をする上でも最適の場なのです。そこを忘れないようにしたいものです。

実践の3段階

――五戒・「う・た・し」・感謝。私たちは常に実践することを求められているのです。

日常生活でできる実践を、正観さんは「実践の3段階」として繰り返し教えてくれました。実践の重要性を言っていた中でも、もっとも基本になる部分でもあるので、一つひとつご紹介しましょう。

私たちは、喜ばれる存在になるということが究極の目的ですが、その100％に向かっていくステップを3つの段階として教えてくれています。

【第1段階】――「五戒」

どんなことがあっても、「不平不満、愚痴、泣き言、悪口、文句」を言わないこと。この5つの否定的な言葉を言わないことを「五戒」といいます。

コップに水が、半分入っているとします。これに対して、「半分しか入ってないじゃないか」と文句を言ったり、「なんで私のだけ半分しかないの」と不平不満を言ったりしないことです。実践はここからはじまります。これが最初の3分の1、33％のステップです。

【第2段階】――「う・た・し」

目の前の現象を「うれしい・楽しい・幸せ」という見方でとらえること。

「コップに水が半分もあってうれしい、楽しい、幸せ」と受け取るようになることが、第2段階の33％の実践になります。第1段階と合わせて、66％まで行きます。

【第3段階】――「感謝」

起きる出来事に対して、「ありがとう」と感謝すること。

「なにものかがコップに水を半分も残してくださっていた。ありがとう」と心から感謝できるようになること。第1段階、第2段階と合わせて、99％まで到達することができます。

それぞれの段階を33％と考えて、３つで99％まで行けるというステップです。この３つのステップを、すべての現象や出来事に対して行うことが、実践の３段階です。

日々、目の前に起きることに対して、これらを淡々と実践していきます。**どんなことが起きても、この実践ができるかどうか。それを私たちは問われているのです。**

これは喜ばれる存在になるための実践ですが、実は、自分自身が幸せになるための実践でもあります。ここまでにすでに述べてきたとおり、どんなにモノやお金をたくさん持っていても、それと幸せとは直接関係がありません。幸も不幸も、自分の感じ方、見方の問題。受け取り方の問題だからです。

そのために、日常の中で自分自身が日々の出来事を受け入れる度合いを上げていく。それが、この実践の３段階なのです。

「五戒」→「う・た・し」→「感謝」という段階で、「受け入れ度」が上がっていきます。

それに伴って、自分が感じる幸せの度合いも上がっていく。つまり、自分の中での喜びが大きくなっていくのです。

たとえば、楽しみにしていた沖縄旅行で、出発前日に台風が来て、乗る予定だった飛行機の欠航が決まったというとき。普通なら、「せっかく楽しみにしていたのに、なんで台風な

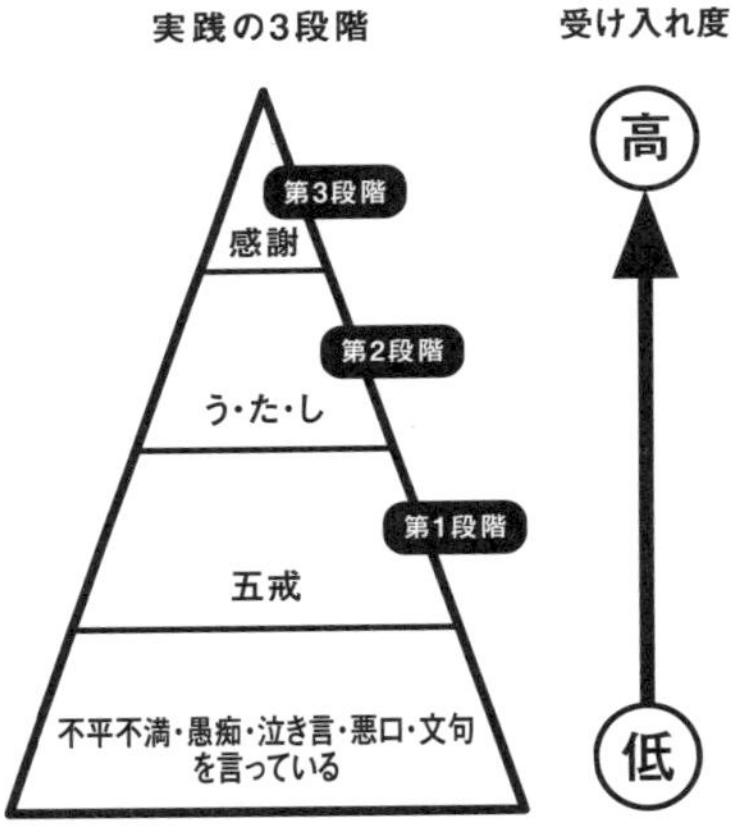

んか来るんだよー。飛行機会社も、簡単に欠航なんて決めるなよな」と不平不満や文句がタラタラ……となりがちなところです。

でも、実践者は違います。第1段階は、不平不満も愚痴も泣き言も悪口も文句も言わない。もしかすると心の中では思っているかもしれませんが、グッと飲み込んで口には出さないという実践です。

そして、第2段階。欠航になったことを、うれしい、楽しい、幸せと喜びます。「欠航になっちゃったけど、もしかしたら明日は奇跡的に飛ぶかもしれない。飛ばないかもしれないけど、もし飛んだらうれしいって思うだけで、結構（欠航）楽しいかも」というような感じです。

さらに第3段階ではどうでしょう。欠航になったことに感謝します。

「もし無理に飛んでいたら、事故に遭ったかもしれない。そうならずにすんでよかった。ありがとう」と口に出して言うことです。

このように、起きた出来事に対して、第1段階から第2段階へ、そして第3段階へと進むように、とらえ方や受け取り方を練習していくわけです。

私たちが自分自身でできるのは、この99％まで。

最後の1％はなにかというと、「人に喜ばれる」「人に感謝される」ということです。人に喜ばれるかどうか、感謝されるかどうかは、その人の手の中にあります。自分だけではどうやっても到達できない領域です。

受け入れの度合いが高いということは、「おまかせ」の度合いも高いということです。自分の思いを手放している度合いといってもいいでしょう。だから、どんどん受け入れ度を高めていって、99％まで到達する段階では、おまかせ度もとても高くなるわけですが、この最後の1％は、完全なおまかせの領域です。喜ばれるかどうかは相手次第なので、おまかせするしかないわけです。

「おまかせ」を極めて、「喜ばれる」ことに向かっていく、という構造が見えてきますね。

だとすると、私たちはこの3段階の実践をただひたすら繰り返していけばいい。ひたすら繰り返していくと、気づいてみたら、人に喜ばれ、自分も幸せという状態になっていたということになるかもしれません。それは、「喜ばれる存在になるために生まれてくる」という人生の目的をも果たすことにもつながるのではないでしょうか。

「そ・わ・か」の法則

——掃除・笑い・感謝。損得勘定で続けてみましょう。

●そ——「掃除」。とくにトイレ掃除をすると、臨時収入があるらしい。
●わ——「笑い」。「笑う門には福来る」、笑うと心も体も健やかになるようだ。
●か——「感謝」。「ありがとう」と声に出して言ったり、「ありがとう」が書かれたものを使ったりすると、さらに「ありがとう」と言いたくなるような現象が起きるらしい。

それぞれの頭文字をとって、「そ・わ・か」の法則といい、この3つを淡々と、ニコニコとやり続けることを、正観さんは講演や本を通じて多くの人たちに勧めていました。

でもそれは、人間的に優れた人になるために、道徳的に素晴らしい人物になるために、というわけではありません。**この「そ・わ・か」を実践すると、自分自身が得をしますよ、という損得勘定の話です。**

実際、この話に触れて実践をした人たちの中には、さまざまな得を手にした人がたくさんいます。

トイレ掃除を続けていたら、本当に臨時収入があったという人は数え切れません。その額も、数千円や数万円のこともあれば、数十万円や数百万円という人もいます。中には億単位の臨時収入があった人まで出ました。

お金だけでなく、物や旅行をプレゼントされたり、思いがけないものが、思いがけない形で手に入ったりした人もいます。

また、素手でトイレ掃除をするうちに、長年患っていたひどい皮膚炎が治ってしまったという人もいたそうです。

笑いの実践では、人間関係が劇的に改善した人や、体調や病気がよくなったという人が続出。数年ぶりに会った友人から、「別人かと思った」と言われるほど健康的に変わったり、若返ったりした人もたくさんいます。

感謝については、心を込めなくてもいいから「ありがとう」と声に出して言うといいと聞き、「それならできる」と思った人たちが、何千、何万、何十万、何百万回（人によって異なります）と「ありがとう」を唱えていったら、心から感謝したくなるようなことが起きたり、奇跡的なことを経験をしたということが、これまた数え切れないほど起きています。

いずれも、なぜそうなるのかはわからない。科学的に理屈立てて説明することは難しいのですが、「そ・わ・かを実践したら、こうなった」ということが、事例として大量に起きているのです。

この話に触れてどうするかは、それぞれの自由ですが、どれも大したリスクがないことを考えたら、やってみて損はないと思います。

もちろん、これだけをしていれば、すべてうまくいくというような盲信や依存はいただけません。かと言って、信じるに値しないと、切って捨てるのももったいない。信じなくてもいいので、とりあえずやってみる、楽しみながらやってみるというくらいがいいでしょう。

「そわか」といえば、密教の真言に出てきますね。「薩婆訶《そわか》」と書き、「幸あれ、祝福あれ」という意味が込められているとされています。

密教では、「身・口・意」といって、身体（身）と言葉（口）と心（意）の3つの側面から修

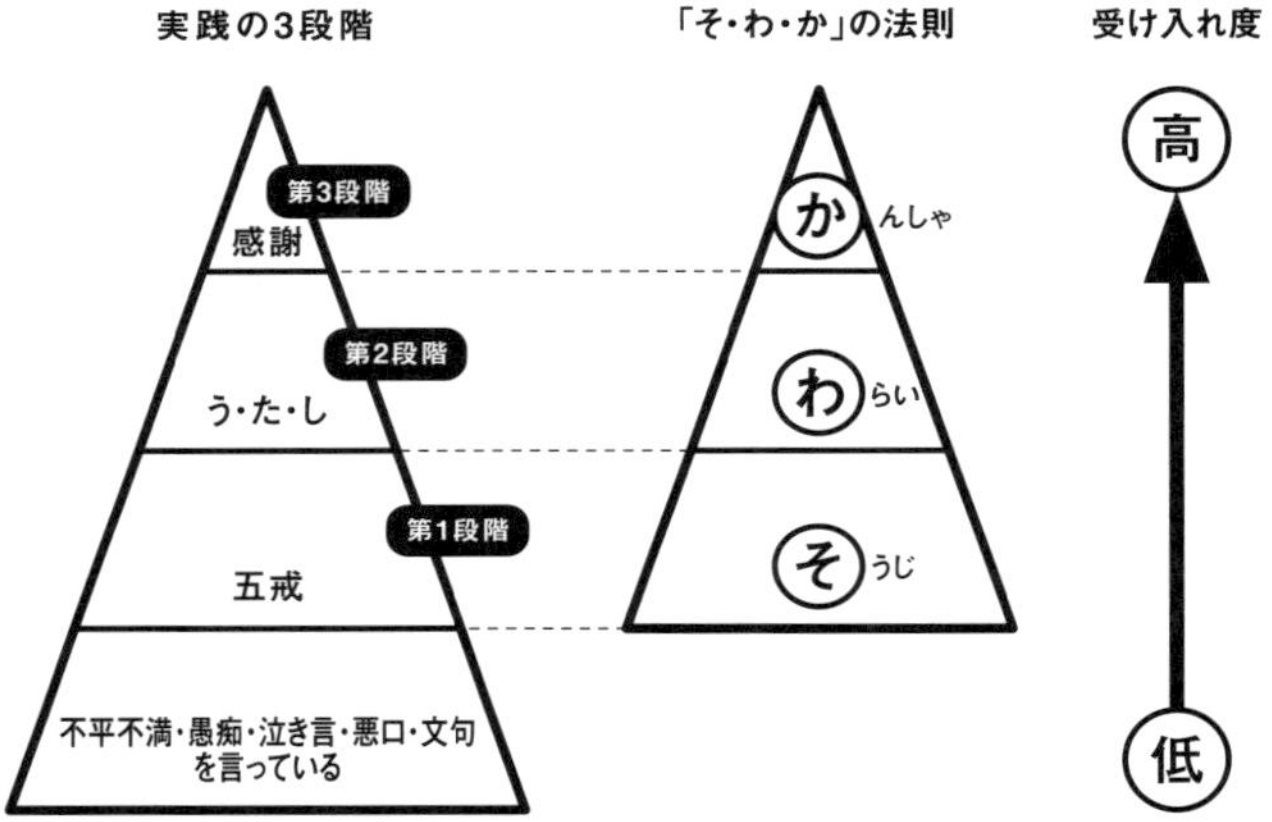

行します。

「身」は手で印を結び、「口」は真言を唱え、「意」は仏を観想するという修行ですが、正観さんの言う「そ・わ・か」は、この「身・口・意」にもぴったり一致します。

つまり、掃除は身体、笑いは言葉、感謝は心。それぞれを使って行う実践です。

なかなかおもしろい一致だと思いませんか。

密教は、特別な修行者（僧）のための修行体系ですが、正観さんの「そ・わ・か」は、誰もが楽しく行える実践体系といえるかもしれません。

また、「そ・わ・か」は、先に紹介した「実践の3段階」とも符号します。

「掃除」は、汚れを取り除くことですが、これは第1段階の「五戒」、つまり、不平不満・愚痴・

泣き言・悪口・文句という汚れを取り除くということにあたります。「笑い」は、第2段階の「う・た・し」と通じます。笑いがあるということは、うれしい・楽しい・幸せという状態ですね。「感謝」は、第3段階の「感謝」と同じです。

「そ・わ・か」は実践してこそ価値があるのですが、密教との一致や「実践の3段階」との対応関係を見ると、教えとしてもとても興味深い。

誰もができて、いつでもできて、結果も出やすいこの3つの実践方法。続けてみる価値は大いにあると思います。

究極の損得勘定

――理解するだけでなにもしないより、損得勘定でもいいから実際に動くほうが大事。

「五戒」「う・た・し」「感謝」という実践の3段階と、「そ・わ・か」の法則は、正観さんの実践論の柱になるものです。どちらも「受け入れる」ということを具体的にやっていくための実践方法です。

掃除も笑いも感謝も、実践するためには、受け入れる心が必要です。汚れに触ることを受け入れられなければ、掃除はできません。笑いとは、相手を肯定して受け入れるところに生まれます。そして、「ありがとう」という感謝は、相手を深く受け入れることそのものです。

「実践の3段階」も「そ・わ・か」も、行うことで人格レベルはたしかに高まります。それが結局は、自分への一番のギフトにもなるわけですが、でもそのためにやりましょう、ということを正観さんは言いませんでした。

普通、心のあり方や生き方を説く場合、心の美しさや清らかさ、人格の高潔さといったものが重んじられます。人格を磨くためにトイレ掃除をし、心を清らかにするために笑い、心を美しくするために感謝するというのが一般的でしょう。

でも、正観さんの教えはそうではありません。「実践は、損得勘定ですればいい」というのです。

トイレ掃除をすると、臨時収入があって得するからやる。笑うと、NK細胞（ナチュラルキラー細胞。体に有害なウィルスや細菌を攻撃してくれる）が増えて、免疫力が上がって得するから笑う。感謝をすると、また「ありがとう」と言いたくなる現象が起きて得だから、「ありがとう」

をたくさん言う。

大切な教えだから、そのとおりにしなさいと言っても人は動きません。人が動くのは、自分が得をするときです。得をすると思うから、やる気も出るのです。

「心や生き方に関わることを、損得勘定でいいなどというのは、けしからん」という意見もあるかもしれませんが、たとえどんなに素晴らしいことを言っていても、単なるお題目になってしまっては仕方がありません。

教えを頭で理解するだけで、なにもしないよりは、損得勘定でもいいから実際に動くほうが大事なのです。

しかも、やっていて楽しい。

得があると思うと、やっぱり人は楽しいものなのです。

トイレ掃除は、お金や仕事に関わる損得。笑いや笑顔は、健康や病気に関わる損得。感謝やありがとうは、人間関係に関わる損得に、それぞれ、とくに関係してきます。

人間の悩みは、だいたい3つのことに分かれるといわれています。お金や仕事の悩み、健康や病気の悩み、人間関係の悩みです。「そ・わ・か」を実践すると、その3つの悩みにも大いに効果ありというわけです。

「実践の3段階」も同じです。五戒を言ってはいけない。「う・た・し」をしなければいけない。感謝をしなければいけない、というわけではないのです。「べき論」で言っているのではなく、3つのステップを実践していくと、自分自身が得ですよ、ということを言っているわけです。

五戒を言わないことで、自分が楽になるという得がある。「う・た・し」と喜ぶことで、自分が楽しくなるという得がある。感謝をすることで、自分が満たされるという得がある。

究極の損得勘定ですね。

単なる精神論や道徳論ではありません。実用的な実践論として、それぞれ実践した先に得があるかもしれない、と楽しみながら取り組んでみるといいですよ。

どの実践にも共通していえるのは、否定的に生きると「損」、肯定的に生きると「得」ということです。いたって単純なしくみになっています。

さあ、あなたはどちらを選びますか？　究極の損得勘定を楽しんでみてください。

念を入れて生きる

――今という一瞬を大切にする。そうすれば、今が特別な瞬間になります。

一休さんは、お正月にしゃれこうべを手にして各家を回りました。

新年早々、ガイコツです。めでたい気分に水をさされた人々が、一休さんに文句を言いました。

「せっかくの正月に縁起でもない。そんなものはさっさと持ち去ってくれ」

一休さんは、まったく悪びれることなく答えました。

「あなた方は正月気分で浮かれているが、また一歩、死に近づいたということなんですよ。ゆめゆめ、お忘れなきよう」

正月をめでたいと思い、お祝いすることもできる。また1日、死に近づいたととらえ、気を引き締めることもできる。そして、なにを感じることもなく、昨日までと同じように過ごすこともできる。

どんな日になるかは、自分次第。今日をどんな日にするかも、自分次第ということです。

ふだん、私たちは自分の人生がずっと続くと思っています。だからこそ、希望を持って生きていくことができるわけですが、それは同時に、なんとなく過ごすことになりやすいということでもあります。

今日を「いつまでも続く日々の中の、単なる1日」となんとなく過ごすよりも、一休さんがガイコツで示したように、「死という期限ある道の中で、1日しかない特別な日」と感じて生きてみる。すると、今日が特別な日になります。今が特別な瞬間になります。

その今という一瞬一瞬を大切にして、今を丁寧に生きる生き方を、「念入りな生き方」といいます。

「念」という字は、「今」の「心」と書きます。今に心を入れて生きることが、念入りな生き方です。

親鸞上人は、桜を題材にして歌を詠みました。

明日ありと　思う心のあだ桜　夜半に嵐の吹かぬものかは

（明日があると思い込むと、あだになりますよ。夜に嵐が吹いて、桜の花は散ってしまうかもしれないのですから）

「明日が来るかどうかはわからない。だから、今日を悔いのないように生きよう」というメッセージを、桜の美しさとはかなさに乗せて、伝えてくれています。

桜は、日本ではもっともなじみ深く、古来親しまれ、一般的には日本の国花とされています。花見をして、「ああ春だな」と思う人も多いのではないでしょうか。

いっせいに華やかに咲き、パッと散る。ポピュラーなソメイヨシノがとくに顕著ですが、そんな桜の見ごとさと潔さが、日本人の心を引きつけるのかもしれません。

桜の花の見ごとな咲きっぷりは、今を精一杯生きる姿そのもの。親鸞上人は、その「念入りな生き方」を人々にも問いかけたのではないでしょうか。

私たちは、過去に生きることも未来に生きることもできません。私たちが生きているのは「今」という瞬間。その瞬間瞬間が、連続しているだけなのです。**ということは、過ぎ去った過去に引きずりとらわれていては、今を逃してしまいます。**

人生のシナリオが、もしあらかじめ決まっているのなら、**未だ来ない未来を心配して、不安に振りまわされていては、せっかくの今が失われてしまいます。**それはとてももったいないことです。

今、目の前の人・モノ・ことを大事にして、念を入れて生きるほうが、人生は何倍も豊かになります。過去や未来に分散していた意識が、今に集中すると、目の前がクリアに見えてきます。あっちを見たり、こっちを気にしたりしていた意識が、1点に集中すると、今が鮮

も忘れずに、人生を楽しんでいきたいものですね。

やかに立ち上がります。

今、目の前に人生はある。事件は現場で起こっているのです（笑）。その簡単な事実をいつも忘れずに、人生を楽しんでいきたいものですね。

ドミノに大小はない

——どんな小さなドミノでも、ひとつでも抜けたら今の自分はありません。

人生はドミノ倒しのようなものです。一つひとつの出来事や、一人ひとりとの出会いは、どれもドミノのワンピース。すべてがつながっているから今がある。ひとつでもドミノが抜けたら、現在にいたるドミノ倒しは完成しません。

たとえそのドミノが、どんなに大きく見えるドミノでも、どんなに小さく見えるドミノでも、ひとつでも抜けたら、今の自分はないわけです。ということは、どれも同じように大事だということ。実はドミノに大小はないということになります。

大学入試に落ちて浪人することが決まったあと、ぼくはA予備校の入学手続きに向かいました。

ところが、その予備校の前まで来たとき、突然、「この予備校で1年間やっていけるだろうか?」という思いが湧き、急きょ、B予備校に行くことに変更したのでした。

翌年、無事大学に合格し、B予備校のクラスメイトに誘われて、Cテニスサークルに入りました。

就職活動のとき、Cテニスサークルの先輩から声がかかり、D株式会社に入社しました。その会社でカミさんと知り合い、結婚したのでした。

もしA予備校の前で入学先を変更しなかったら、カミさんとは結婚はおろか、知り合ってもいなかったでしょう。

あのA予備校の前での決断が、転機となったのです。ほんのちょっとした小さな出来事に見えますが、決して小さなドミノではなかったことが、今はわかります。

D株式会社に入社して4年目のある日。本屋さんで立ち読みをしているとき、突然、「この本の出版社に行きたい!」と思いました。そして、そのとおりに転職しました。

この転職で、ぼくの住む世界は大きく変わりました。人生のレールが大きく切り替わり、今日のぼくへとつながってきています。

あの本屋での立ち読みが、転機となったのです。立ち読みは、ごく日常的な行動ですが、決して小さなドミノではなかったことを、今は痛感しています。

ある講演会で、Ｅさんという方と知り合いました。その後、Ｅさんとは一緒に仕事もすることになり、ぼくの世界をさらに広げていただきました。あの講演会への参加も、決して小さなドミノではなかったのです。

一見、小さく見えるドミノが人生を変えることは、誰にでも起こりえます。

ある日本人の青年が、アメリカの公園のベンチで横になっていました。佐賀県は伊万里焼の大問屋に生まれ育った彼は、アメリカで焼き物の販売しようと渡米したのですが、思うようにに進まず、この先どうしたらいいのかとベンチに寝そべって思い悩んでいたのです。と、そのとき、１枚の紙くずが風で飛んできて、彼の口元に貼りつきました。あわてて紙を取ろうとしたとき、彼はあることに気づきます。

「甘い！」

紙くずが甘いのです。風に飛ばされてきた方向を見ると、子どもたちがキャラメルを食べている姿が目に入りました。風に吹かれてきた紙くずは、キャラメルの包み紙だったのです。

「これだ！」

はじめてキャラメルというものを知った彼は、伊万里焼をアメリカで売る代わりに、キャラメルを日本で売ることをひらめいたのでした。

この人物こそ、森永製菓の創業者、森永太一郎さんです。

まさに、次なる道に向かって風が吹いていたわけです。包み紙が風に運ばれてくるというのはちょっと出来過ぎにしても、その風が示してくれた方向をしっかりキャッチして、素直に受け入れたところに、森永製菓創業の秘密があったのですね。

紙くず一枚が、彼のその後の人生を大きく変えてしまったのですから、「ドミノに大小はない」ということがよくわかります。

もし、その紙くずが数十センチでもずれて飛んできていれば、森永さんがキャラメルを知ることも、その後、会社を創業することも、さらには私たちが森永キャラメルを食べることも、おそらくなかったわけです。

人生には、必ずいくつもの転機があります。では、転機はいつやってくるのでしょうか？

転機をもたらすドミノはどこにあるのでしょうか？

「転機」とは、ほかの状態へと転じる機会、または、機運が一転する、ということですが、機会が転がっている、と読むこともできます。

日々の中に、ドミノは転がっているよ、ということです。

それは、予備校の前かもしれません。本屋さんかもしれません。講演会かもしれません。はたまた、公園のベンチかもしれません。次なるドミノを運んできてくれるのは、風に吹かれた紙くずかもしれません。

転機は、どこに転がっているかわからない。もしかしたら、いまも目の前にゴロゴロと転がっているのかもしれないのです。

ドミノが小さいのか大きいのかは、見た目ではわからない。区別ができません。そして、実はドミノに大小はないのです。だとしたら、私たちにできるのは、今、目の前のドミノをいつも大事にすることだけ。それができれば、人生のドミノ倒しはきっとおもしろいものになっていきますよ。

自分がどうするかだけ

――人を非難することは、自分の思いどおりに動かそうとすること。

人のことを非難する人。人のことで相談する人。この人たちには共通点があります。

それは、自分以外の人・モノ・ことを、思いどおりにしようとしているということです。**人を非難する人は、相手の欠点や短所を指摘しているように見えますが、実は、自分の正しさを主張したいというのが根本にあります**。

人を非難することを指弾といいますが、まさに指を人に向けて、相手を攻撃しているようなものです。そして、相手を自分の正しさに従わせて、そのとおりに動かそうと、無意識のうちに思っています。

相手のために言っているようでいて、実はあまり相手のことは考えていない。そして、指弾するだけ指弾して、その後のフォローや行動が伴わないことも多い。

それが悪いことだと言いたいのでありません。それでは、非難する人のことを非難する人になってしまいます。

投げかけたものは返ってくるというのが宇宙の法則ですから、非難する人は非難される、指弾する人は指弾されるということになります。

それを望むのであれば、非難も指弾も自由ですが、それに伴う結果も引き受ける覚悟は必要です。エネルギーも消耗するので、こんなことで消耗しても、しょうもないと感じるようになるかもしれません。

そうなったら、あるいは、そうならないためには、人のことは置いておいて、「まず自分がどうするか」を考えるといいでしょう。

「人の振り見てわが振りなおせ」です。**人に向けていた人差し指を、くるりと回して自分に向けてみる。そこで気づいたことを、あらためて自分で実践していけばいいのです。**

また、人のことを相談する人には、相手がうまくいうようにと、心底願って相談してくる人ももちろんいますが、多くの場合は、結局、相手に自分の思いどおりに動いてほしいという思いが奥にあります。

「会社に人の悪口ばかり言っている同僚がいるんですが」

「まだ結婚していない友人がいて、なんとか結婚させてあげたいと思っているんです」

「子どもがちゃんと勉強しないんです」

人のことを相談するということは、その人のことを自分が受け入れていないということです。その人を受け入れるためには、その人が今のままではダメ、その人が自分の思うように動いてくれないとダメ、ということが、相談の裏側に見え隠れするのです。

「同僚が悪口を言わなくなったら、仲間に入れてあげてもいいんだけど」

「結婚できないとかわいそうだと自分は思うから、結婚させたい」

「（親である）自分を納得させてくれるくらい勉強してくれたら、安心するのに」

でも、人を自分の思いどおりに動かすことは結局できませんから、その方向での解決は目指さないほうが賢明です。

人の悩みや問題を集めてくるのをやめるのです。

その代わりに、自分がどうするかを考えて、行動に移すことです。


ある女性から、こんな相談を受けたことがあります。

息子さんが大学受験に落ちて、浪人生活を送っているのだけれど、勉強に全然身が入っていないので困っている。心配で勉強するように言ったら逆効果で、かえって息子の生活が荒れてしまっている、ということでした。

息子さんが自分の思うような形で勉強する姿を見て安心したいというのが、このお母さんの裏の望みであることがわかります。

でも、息子さんを思いどおりに動かそうとしても、それは無理というもの。そこで、このようにお伝えしました。

「息子さんのことが心配なのはわかりますが、息子さんのことは置いておいて、まず自分が毎日を楽しく過ごされてはいかがですか？ そのほうが、家の中の雰囲気は明るくなるし、息子さんもいろいろ言われなくてプレッシャーも減るし、なによりあなた自身が楽でしょう」

そんなこと言われても……。とはじめは戸惑い気味でしたが、「わかりました。息子のことを気にするよりも、自分が楽しむことをやってみます」と答えてくれたのでした。

その後、そのお母さんは、以前から行きたかったフィットネスクラブに通うようになり、中断していた書道も再開するなど、徐々に自分自身が楽しめることを、日々の中で増やしていきました。

すると、部屋にこもりがちだった息子さんが、「お母さん、最近なんだか楽しそうだね」と言ってきて、放っておいても自ら勉強をするようになったのだそうです。そして、翌春に見ごとに大学に合格したのでした。

人に指を向けること、人の悩みをかき集めることをやめる。自分がどうするかだけ。それが実践です。

誠実な生き方

――言っていることと行動が一致する生き方。それが誠実な生き方です。

「ごめんなさい。申し込んでいた○月○日の講演会ですが、予定が入ってしまって参加できなくなってしまいました」

ぼくは、そんなお詫びの連絡を入れることがときどきあります。

「予定」というのは仕事であることが多いのですが、そんなときに思い出す正観さんの言葉があります。

「予定って、入ってしまったんじゃなくて、入れたんですよね?」

たしかに、そのとおりなのです。予定や用事は自分が入れるものです。自分の知らないうちに入ってしまった、ということは実はありません。

仕事だとしても、なにかほかの用事だとしても、最終的に「予定を入れる」という決断を自分がしたことに変わりはありませんから、やはり予定は「入ってしまった」のではなく、「自分が入れた」ということになります。

予定を入れたのは、その話やお誘いのほうが楽しそうだったからです。自分にとってより必要だ、より重要だと感じられたからです。

つまり、自分にとって、そっちの話のほうが得だと思ったから、その日の予定を組み替えることにしたわけです。

そうすることは、よくあることと思われがちですが、正観さんは異を唱えていました。

「先約よりも重要そうな話がきたからといって、予定を入れ替えることを不誠実といいます。重要かどうかにかかわらず、先にしていた約束を優先する。それを誠実な生き方といいます」

耳の痛い話です。

とかく私たちは、どちらが自分にとってより大事か、自分にとって得になりそうかと、天秤にかけて判断してしまいがちです。やっぱり、得なほうを選びたいのが人情ですから。

でも、それは違うと正観さんは言います。**人間として誠実な生き方をするべきだと言うわけではなく、誠実な生き方をすると、結局自分自身が得をすると言うのです。**

以前、こんなことがありました。

ある講演会に申し込んでいたのですが、ほかの予定が入りそうになりました。いえ、ほかの予定を入れそうになりました。

その講演会は、友人に誘われて申し込んだものの、そんなに興味があったわけではないので、キャンセルしても別にいいかなと思ったのです。でも最終的に、その予定を優先し、その講演会に参加しました。正観さんの言う「誠実な生き方」を、このときはしたのです。

すると、その講演会で思いがけない出会いがあり、その後、長くお世話になる仕事上のパートナーとしてのご縁ができたのでした。

まさに、自分自身が得をしたのです。

誠実な生き方は、得だけでなく、自信ももたらしてくれます。

友人に、「亮さん、自信ってどこから生まれるか知ってる？」と訊かれました。「どこからだろう……？」と考えていると、教えてくれました。

「自信はね、〝自分のことを人に言う〟ことから生まれるんだよ。自信っていう文字を見てごらん。〝自信〟は、〝自〟分のことを〝人〟に〝言〟うって書くでしょ？」

なるほど！　たしかに、「自信」＝「自」＋「人」（にんべん）＋「言」です。

「自信とは、自分を信じることだ」というのはよく聞きますが、「自分のことを人に言うことだ」というのは新鮮な見方でした。

その友人は、「だから、自分のことを本音で話せる相手、自分のことを真正面から受けとめて心から聴いてくれる人の存在が、とても大事なんだよ」とも教えてくれました。

その話を聴いて、思いあたりました。

「信」という字は、「人」＋「言」ですが、これは、「人（行動）」と「言（言葉）」が一致することというのが本来の意味です。

言っていることとやっていることが一致するから、そこに「信」頼が生まれます。そして、「自」らの「人」と「言」が一致すると、自信も生まれるのです。

人より優れていることを誇るという意味での自信ではなく、自分を自分で認めることのできる自信、自分で自分のことが好きだという意味での自信です。

言っていることとやっていることが一致する生き方というのは、誠実な生き方そのものです。**自分の言葉どおりに行動する。そういう生き方を淡々と続けることが、信頼を生み、自信も生むことになるわけです。**

信頼のある人には、人が味方をします。自信のある人（自分のことが好きな人）には、宇宙が味方をします。

この誠実な生き方も、精神論や道徳論ではなく、損得勘定として得な生き方ということになりそうです。

自己嫌悪

――迷ったときは、自己嫌悪や違和感があるのはどっちか考える。状況に左右されずブレないセンサーです。

なにがやりたいかわからない。なにかしたいのだけれど、それが何なのか明確にならない。そんな悩みを持つ人は、意外と多いんじゃないでしょうか。

したいことがわからないうちは、わからないままでいい、というのが実際のところだと思います。本当にやりたいことは、わざわざ探したり考えたりするまでもなく、いやおうなく感じてしまうはずだからです。そして、自然と動いてしまうものだからです。

なにかあるはずだけど、はっきりしないということは、まだ本当にしたいことに行きあたっていないだけです。だから出会うまで放っておけばいい。これが本質だと思います。

でもやりたいことを見つけたいという心情もわかります。見つけるヒントは2つあります。

ひとつは、「自分が（本当に）やりたいことは何だろう？」という〝問い〟を、常に自分の中に持っておくこと。

脳は検索エンジンのはたらきを持っています。検索ワードにあたるのが問いです。だから、いつも問いを持つように心がけると、ちゃんとその問いにひっかかるような人やモノ、ことに行き着くようになります。

もうひとつは、「やりたくないことを明確にする」こと。

やりたいことを見つけるのが難しいなら、その前にやりたくないことをはっきりさせる、という手順です。まずやりたくないことを明確にして、除外していくのです。

その結果、やりたいことに近いものが残るので、行き着く確率が上がるというわけですね。「これは、やりたくないことか？」と自分の中で確認してみて、やりたくないと強く感じられたら除く。それを繰り返していけば、やりたいこと候補の範囲は狭まっていくでしょう。

右か左か、どちらに行けばいいか迷っているときも、この方法が使えます。

別の項でも言ったように、そこまで迷うということは、どちらを選んでもいいというのが本質ですが、それでも決めなければいけない場合もありますよね。そんなときは、「行きたくないほうはどちらか？」と自分に問うてみるといいのです。

行きたいほうがわからないときは、行きたくないほう、つまり「そちらに行ったら自己嫌悪や違和感がある」と思うほうに焦点をあてるのです。

どちらに行きたいのか、どちらをしたいのかが、はっきりしない場合でも、自己嫌悪や違和感があるのはどっちなのか、というのはよくわかるものです。

その感覚は、答えをはずしません。正確な感覚です。

やりたいという感覚は、そのときの気分や状況に左右されやすい面があります。でも、自己嫌悪や違和感というのは、状況にかかわらずブレにくく、自分自身で感じやすいという特徴があるのです。

それに、自己嫌悪や違和感を持ちながらやると、あとで必ずといっていいほど後悔します。自己嫌悪というのは、それだけ敏感なセンサーなのです。だから、それを避けるようにすれば、自ずと、どちらに行けばいいかがわかるはずです。

ただし、自己嫌悪や違和感は、自分を否定的に見るということではありませんのでご注意を。「自分はダメな人間なんだ」「自分のこんなところが嫌い」と自分を否定するということではなく、あくまでも選択をするときの「センサー」として使うということです。

自己嫌悪や違和感のない選択をして、行動していけば、それは結果的に自分を大切にするということにつながります。

誰の中にでもある信頼できるセンサーを、上手に使ってみてはいかがでしょうか。

ひとりからはじまる

——どんな素晴らしい出来事も、ひとりの実践からはじまります。

東京に、ある荒れた小学校がありました。マンモス団地の中にある学校で、時代とともに住民が減っていくにつれて、団地も学校も荒《すさ》んだ状態になっていました。学級崩壊はあたりまえ、1年間に窓ガラスが十数枚も割られるという状態でした。

その学校にひとりの先生が転任します。あまりの状況に、その先生はノイローゼになりかけますが、あるセミナーに参加したときに四国の名刺屋さんと出会いました。

その人は、パルプの代わりにケナフという麻の仲間を原料にした紙で名刺をつくっている人で、彼の明るさと話のおもしろさに心を打たれた先生は、その名刺屋さんを学校に招き、授業をしてもらうことにしました。

名刺屋さんは子どもたちに、ケナフの話、環境の話、あいさつの大切さやありがとうの話を授業の中で伝えます。はじめて聴く話、楽しくておもしろい話に、子どもたちは興味津々。

そして、お土産に持っていったケナフの種を子どもたちにプレゼントして、「種を植えてみんなで育てていこう」と呼びかけました。

その日からクラスが少しずつ変わりはじめます。

名刺屋さんが2度目に学校を訪れると、クラスの子どもたちは喜んで迎えて授業を聴き、そして育ちはじめたケナフを名刺屋さんにほめられると、みんなとても喜びました。

名刺屋さんはその後も数回学校を訪れ、育ったケナフを収穫して紙すきをするなど、楽しい授業をしていきました。

そして1年経つ頃には、そのクラスはすっかり変わっていました。子どもたちの表情は明るくなり、授業も落ち着いて受けるようになり、活発ないいクラスに変貌したのです。

それはやがて隣のクラスにも飛び火して、隣のクラスもだんだん変わっていきました。

そして、名刺屋さんが学校に行くようになって2年目になると、上下の学年にも伝染していき、2年目の終わりには学校全体が変わってしまいました。

わずか2年前には都内でも有数の荒れた学校だった小学校が、明るくあたたかなとてもいい学校に生まれ変わったのです。

ところが、せっかく生まれ変わった学校でしたが、閉校になることが決まってしまいます。子どもの減少によって、同じ団地内にある隣の小学校と統廃合することになったのでした。

みんなとても残念がりましたが、最後の記念に学校全体で「ありがとうフェスティバル」というイベントを開催することにしました。

イベントは素晴らしいものになりました。子どもたちだけでなく、先生方も、保護者の皆さんも協力し合い、各教室の展示や催し物、合唱や劇など、楽しさでいっぱいのフェスティバルをつくりあげました。

お世話になった方々を招待し、団地の人たちもたくさん来場し、学校に最後のお別れと感謝を伝えたのでした。学校が、そして団地がひとつになった最高のフィナーレでした。

フェスティバルが大成功に終わったあと、名刺屋さんがしみじみと言いました。

「私がはじめてこの学校に来たときは、子どもたちが荒れていただけでなく、先生方もあきらめムードでした。私のことを『どこの馬の骨が来たんだ』という目で見る先生もいらっしゃいました。でも変わるものですね。今ではこんなに素晴らしい学校になったんですから」

最初は、ほかの先生たちは決して協力的ではなかったそうです。むしろ、名刺屋さんを招いたその先生は、孤立無援に近い状態だった。でも、ひとりではじめたのです。学校を変えるための取り組みを。

まわりから理解を得られなくても、名刺屋さんを招き続け、子どもたちとケナフを育て続けた。その結果、子どもたちが変わり、先生方も変わり、学校が変わっていったのです。最後に「ありがとうフェスティバル」という最高の２日間をつくりあげることができるまでに。

なにごとも、そういうものです。職場の雰囲気がガラリと変わるのも、さびれてシャッター通りになっていた商店街が大勢の人で賑わうようになるのも、世の中を変えるような大発見や大発明も、元をたどれば、はじまりのひとりに行き着くのです。

逆に言えば、学校も職場も、商店街も世の中も、ひとりから変えていけるということです。

はじまりは、いつもひとりから。ひとりの実践から、すべてははじまる。

誰にでも、そしていつでも、そのひとりになれるチャンスはあるのです。

第5章

うたしやき

うたし焼き

――「うれしい・楽しい・幸せ・役に立つ・興味深い」話をしましょう。喜びの総量が大きくなります。

以前、ぼくのカミさんが、友だちからこんな相談を受けていました。

その友だちに子どもが生まれ、やがて公園デビューをして、公園のママ友だち同士でお茶やランチをする毎日になった。ところが、そのときに出る話が、日頃の不平不満や、旦那への文句、舅や姑の悪口や他人の噂話ばかりで、楽しくない。聞いているだけでこちらの気分も悪くなってくるから、無理して行かないほうがいいのかな？　という相談でした。

赤ちゃんを育てるのは大変なこともありますから、そうなるのもわからなくはないですが、ネガティブな話ばかりをしていると、知らず知らずに自分もネガティブになってしまいます。

そのときカミさんは「無理して行かなくていいんじゃない？」と答えたようで、友だちは徐々に公園から足を洗ったということでした。

もし、ママ友たちの話がまったく違う類のものだったら、その友だちはどうしていたでしょうか？　明るくて、前向きで、笑いもあって、知って得するおもしろい話ばかりだったら、公園仲間から距離を置くことはなかったでしょう。おそらく楽しい仲間たちとの会話を、毎日楽しみにするようにすらなったのではないでしょうか?

「そういう話をするようにするといいですよ」と正観さんは言っていました。

「そういう話」とは、話していて、聴いていて、「うれしい・楽しい・幸せ」な気分になれる話、知って役に立つ話、興味深くて、もっと知りたいと思うような話のことです。

「うれしい・楽しい・幸せ・役に立つ・興味深い」の頭文字をとって、「うたしやき」といいます。

正観さんは、ものの見方・考え方を「見方道」と称して伝えていました。その創始者であるという意味合いもこめて、「見方道家元」と名乗って楽しんでもいました。

「うたしやき」な話は、正観さんならずともできるわけですから、皆さんもどんどんやればいい。見方道家元にならって、一人ひとりが「うたし焼き」の窯元になってしまいましょう、と正観さんも勧めていました。

私たちは喜ばれる存在になるために生まれてきたのだとしたら、自分とまわりの喜びの総量を大きくするためにも、五戒やネガティブな話ばかりしている暇はありません。人生には「うたしやき」な話をする時間しかないのです。

せっかく生まれてきたですから、それぞれが「うたし焼き」を生み出す窯元になって、

「うたしやき」な話をしたり聴いたりして、日々の喜びを増やしていってみるといいのではないでしょうか。

脳波と人格と超能力

――私たちが力を発揮できるのは、リラックスしたとき。受け入れ度を高めていくと、誰もが能力を高められます。

SF映画や超能力者が出てくる映画などで、よくこんな描写の場面があります。

超能力者がグッと相手をにらんで、眉間に力を入れてしわを寄せて、「エイッ!」とか「ウォーッ!」と気合を入れる。すると、目の前のものが曲がったり動いたり、相手の腕が金縛りにあったように動かなくなったりする、という場面です。

まるで、気合とともに超能力者の額に血管が浮き出て、脳からビームが発射されているかのような描写ですが、すごい力を発揮できるのはこのように気合や力を込めたときだと思っている人は多いのではないでしょうか。

でも、実際は違います。**人間が持っている力を発揮できるのは、逆にリラックスしたとき**

なのです。

これはスポーツをはじめ、日常の活動でもそうですが、超能力といわれるようなものになると、なおさらその傾向は明確になるようです。

正観さんは、スプーン曲げのケースを取り上げて、それを脳波との対応関係も使いながら次のように説明してくれました。

【ベータ波】人が起きているときの脳波。イライラしたり、腹を立てたり、不平不満、愚痴、泣き言、悪口、文句を言う状態。「どうしてもスプーンを曲げなければいけない」と思っているので、スプーンは曲がらない。周波数は、14ヘルツ以上。

【アルファ波】リラックスしているときの脳波。座禅、瞑想、祈り、睡眠のときの状態。五戒を言わない。「スプーンが曲がらなくてもいいけど、もし曲がったらうれしい・楽しい・幸せ」と言える状態。スプーンが曲がるようになる。周波数は、8～13ヘルツ。

【シータ波】深い瞑想状態やまどろみのときの脳波。「スプーンが曲がったらうれしい・楽しい・幸せ」と思える状態。さらに、心がこもってなくても、口先だけでも「スプーンが曲がってくれてありがとう」と言える状態。スプーンは曲がる。周波数は、4〜7ヘルツ。

【デルタ波】 熟睡状態の脳波。「スプーンが曲がってくれてありがとう」と心から思える状態。心から感謝するとこの脳波になり、超能力が発揮され、スプーンが曲がるのはもちろん、超常現象が次々に起きる。周波数は、1〜3ヘルツ。

これはおそらく、一部の研究者のデータなどをベースにしながらまとめたもので、科学的に定説となっているものではありません（超能力や超常現象自体が、まだ科学では認められていません）が、非常に興味深い話です。

とくにおもしろいのは、脳波と発揮される能力の関係と合わせて、心の状態の特徴がそれぞれの脳波に対応して示されている点です。心の状態は、人格と言い換えてもいいでしょう。脳波（の周波数）が低くなっていくと、いわゆる超能力が発揮されやすくなる。そのとき心の状態はどうなるかというと、「スプーンが曲がらなくてもいい」→「曲がったら、うれしい・楽しい・幸せ」→「曲がってくれて、ありがとう」というように変化していきます。

脳波が低くなるほど、心の状態もゆったりとおおらかになっていくのがわかりますね。いわばノーテンキになるほど、スプーンが曲がりやすくなるということです。ということ

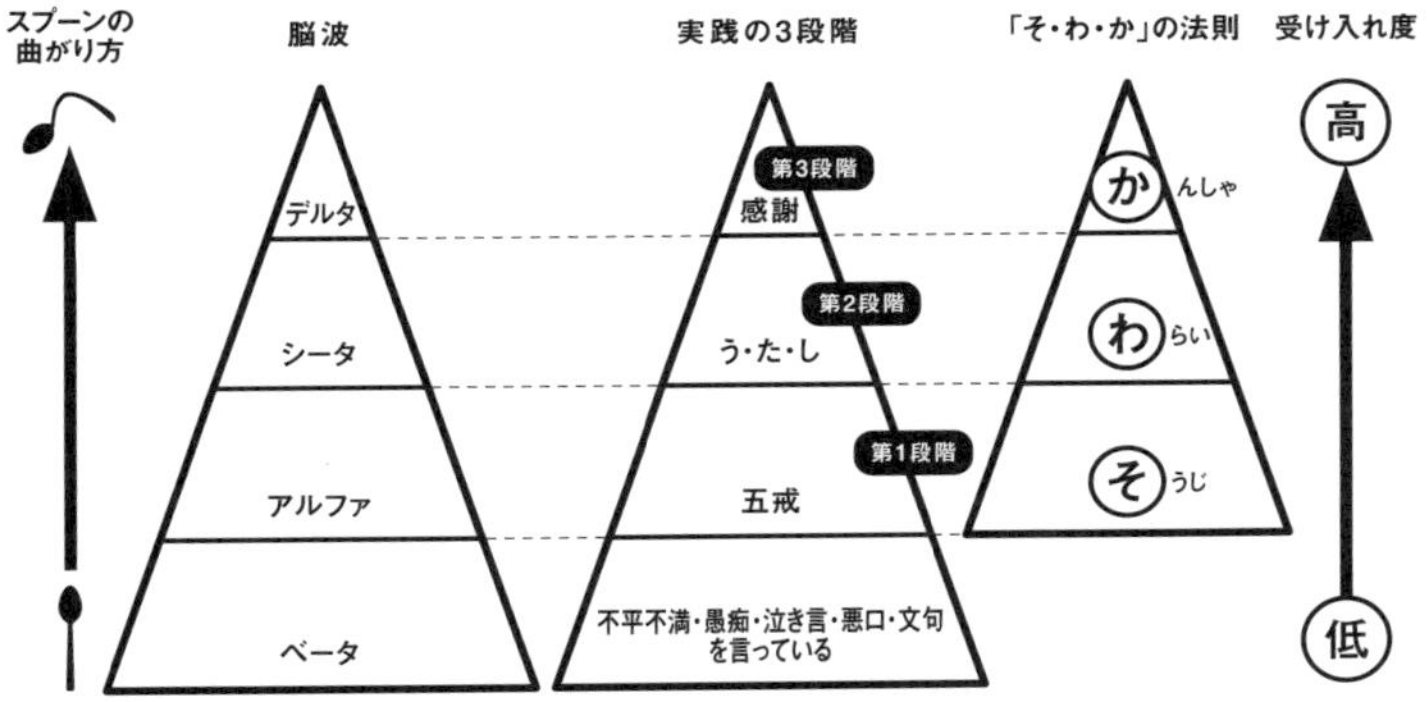

は、超能力を発揮したかったら、眉間にしわを寄せて力を込めるのではなく、ゆったりとおおらかに、ノーテンキになること。それが秘訣のようです。

「実践の3段階」の話をしましたが、実は、この脳波と心の状態の3段階が、それぞれに重なっています。

第1段階は「五戒」でした。「不平不満・愚痴・泣き言・悪口・文句を言わない」というのは、脳波でいえば「アルファ波」です。「スプーンが曲がらなくてもいい」と思える状態と同じです。

第2段階は「う・た・し」です。これは「シータ波」の「スプーンが曲がったら、うれしい・楽しい・幸せ」と思える状態と一致します。

そして、第3段階の「感謝」は、「デルタ波」です。「スプーンが曲がってくれて、ありがとう」と心から思える状態そのままです。

これは見ごとな一致だと思います。

脳波の周波数が高いということは、自意識、いわゆる顕在意識が強くはたらいているということです。自我がはたらくといってもいいでしょう。まわりのことが気になり、「こうしたい」と注文をつける状態です。

脳波の周波数が低くなると、顕在意識のはたらきが弱くなり、その分、潜在意識のはたらきが強く出るようになります。「自我＋おまかせ＝１００」で考えるとわかりますが、自我が弱くなる分、おまかせの部分が増えていくことになります。あれこれ注文をつけるのではなく、まわりのことが気にならなくなり、受け入れるという状態です。

実践の３段階も脳波の３段階も心の状態の３段階も、受け入れる度合いと対応していることがわかりますね。つまり、これらの３段階とは、「受け入れ度の３段階」でもあるのです。**受け入れ度が高まって、ゆったりとおおらかにノーテンキになるほど、能力は発揮されやすくなる。おまかせが増えると潜在意識のはたらきも増えるようになり、超能力も発揮される。人間はそんなステキな部分を備えているようです。**

超能力者とは、思いのままに現象を起こせる人ですが、「思いのままにならなくてもいい」という思いを持っているので、仮に現象を起こせなくてもイライラしたり不平不満を言ったりしません。だから、現象を起こせても起こせなくても、どちらも結局、思いどおりだったということになります。

ところが、そうやってどちらでもいいと受け入れると、超能力が発揮されるというところが、おもしろいですね。これは、とてもエレガントなしくみといってもいいと思います。

受け入れ度を高めていくことに、特殊な才能はいりません。生まれつき、それができる人とできない人に分かれるわけでもありません。日々の中で自分がどれだけ実践していくか、それだけです。日常生活の中で、誰もが超能力者になるためのステップを進むことが可能だということですね。

1段階ずつでも、ゆったりと進んでいってみてはいかがでしょうか。

リラックス

——歯を食いしばってがんばるよりも、サラリとやるほうが力を発揮できます。

以前、ミリオンセラーの歌を何曲も生み出しているヒットメーカーのミュージシャンが、テレビのインタビューでヒット曲の秘密について話していました。それは、次のような話でした。

「今までヒットした曲は、つくるのにあまり時間がかかりませんでした。ミリオンヒットになった曲って、5分くらいでサラサラッとできたものが多いんですよ。いい曲にしようしようと、自分でいろいろ考えたり工夫を凝らしたり、何度も書き直したりする曲があります。自分としては、これだけやったんだからヒット間違いなしって思うじゃないですか。でも、そういう曲って売れないんですよ」

私たちは、もしかすると勘違いしているのかもしれません。なにかをするときや、つくるときは、考えに考えて、何度も何度もやり直して、苦労に苦労を重ねることで、いい結果が出せるし、いいものができる。普通はそう思いがちですが、実はそうではないのかもしれない。いかに力を込めて取り組むかが大事と思われていますが、実際は、力を込めれば込めるほど、結果は出にくくなります。

スポーツなどはそれが顕著ですが、ほかの面でも力むことは、かえって能力の発揮を妨げる方向にはたらいてしまいます。

人間の能力、とくに潜在能力を発揮するには、必要不可欠の条件があるのです。

それは、リラックスすること。歯を食いしばってがんばるよりも、軽い気持ちでサラリとやるほうが能力を発揮できます。

前に述べたように、脳波の周波数が下がってゆったりするほど、体も心もリラックスして、潜在能力も発揮されやすくなるのでしたね。サラリとやることで、自分の限られた力だけでなく、潜在能力やもっと大きな力をも味方につけることができるのです。リラックスとは、おまかせの状態であるということがいえそうです。

一見、努力して頑張っていい結果が出せたという場合でも、実際は、努力を突き詰めていったある時点で、リラックスの境地に入っているものです。それがいい結果に結びついたというのが真相でしょう。

でもだからといって、リラックスしようと一所懸命になり過ぎないこと。リラックスしなければいけないと思ってしまうと、かえって力が入ってしまいます。必要不可欠だからと固く考えずに、軽い気持ちで取り組むことがいいようです。

このミュージシャンの話は、サラリとやることの効用をよく表しています。サラリーマンの皆さんも、努力を強いられることが多いとは思いますが、能力を発揮するためにも、今日から「サラリ♪マン」になってみてはいかがでしょうか？

「ただしい人」から「たのしい人」へ

――正しい人は、立場を押しつける人。楽しい人は、立場を越える人。人は正しさでは、なかなか動きません。

2人の男がエスカレーターで言い争いをしています。

「右に立っていると邪魔だから、左に立ってください」

「なんでやねん？　そっちこそ、左にいたら邪魔や。右に立ってや」

関東の人と関西の人でしょうか。どちらも言い分を譲らず、右か左かでもめ続けています。

さあ、どっちが正しいでしょうか？

宇宙的に見れば、絶対に正しいというのはありません。絶対に間違っているというのもありません。なぜなら、「正しい」と「間違い」を分けるのは、立場の違いだからです。

エスカレーターも、関東の人にとっては左側に立つのが正しいかもしれませんが、関西の人にとっては、右側に立つのが正しいわけです。でも、エスカレーターのどちら側に立つのが正しいかは、宇宙的に決まっているわけではないでしょう？　同じエスカレーターでも、立場が変われば、まさに立つ位置も変わるのです。

「すべての現象はゼロ」が宇宙の基本構造ですから、絶対的に正しいものも絶対的に間違っているものも、ないのです。すべてはものの見方次第。見る立場や見る角度によって変わります。

ですから、正しさを主張するというのは、実は立場の押しつけです。ところが、言われる側にも立場がありますから、往々にしてお互いの「正しい」が食い違うことになるわけです。

笑い話のようですが、私たちが日ごろ「正しい」を押しとおそうとして、うまくいかないときというのも、実はこのエスカレーターのようなものなのかもしれません。

正しさをとおそうとする人は、ちょうどイソップ物語の『北風と太陽』の北風になぞらえることができます。

北風は、風の力、つまり自分の力で、旅人のマントを脱がそうと、冷たい風を吹きつけます。ところが、北風が強くなればなるほど、旅人はマントを固く閉ざしてしまい、決してマントを放そうとしません。

正しさを前面に出して説得しようする人も同じです。「正しさ」は往々にして「力」に結びつき、力ずくで押しとおそうとするのです。

でも、言われた側は、心を固く閉ざしてしまい、決して言葉に耳を傾けようとしません。

そうなると、どんなに正しさで主張しても埒《らち》があきません。それが正しければ正しいほど、言われたほうは素直に聞けなくなります。正しいとわかっていたとしても、いえ、わかっているからこそ、素直に受け入れたくはないという心理がはたらくのです。

それに対して、イソップ物語の太陽はどうだったでしょうか？　太陽は、持ち前の明るさとあたたかさで旅人を包みます。すると、ポカポカとあたたかくなった旅人は、固く閉ざしていたマントを開きます。さらに太陽が照らすと、暑くなってきた旅人は、自らマントを脱いだのです。

力はいりません。強制も必要ありません。

北風が「正しい人」ならば、太陽は「楽しい人」といっていいでしょう。

人間は、正しさではなかなか動きません。楽しさで動くのです。ちょうど、道徳論や精神論では、人はなかなか動かないのと一緒です。人は損得勘定で動くのです。これをやったら得するかもしれない、こうしたら楽しそうと思ったときに、人は自ら動くのです。

正しい人は、立場を押しつける人。楽しい人は、立場を越える人。

「ただしい人」から「たのしい人」へ。たった一字の違いですが、自分も物ごとも流れも、楽にスムーズに運ぶようになりますよ。

悪魔の構造

——「もっともっと」という不満の心、自分や他人を否定すると、悪魔の構造に組み込まれてしまいます。

昔から、ヒーロー物語には、「正義の味方」が登場します。正義の味方は、その物語の主人公になることも多いですね。悪者と戦い、人々や世界を悪の魔の手から救ってくれる頼もしいヒーローという設定がほとんどですが、子どもの頃には気づかなかった疑問を感じることがあります。

それは、「正義の味方も、もしかしたら残酷かもしれない」ということ。怪獣や怪人と戦ったりするヒーローは、戦いの最後には、だいたい怪獣や怪人を木っ端みじんに吹っ飛ばします。それは陰も形もなくなるくらいですから、冷静に見ると、かなり残酷な止《とど》めを刺すわけです。

でもその後、ヒーローが逮捕されたという話は、聞いたことがありません。

「あれはフィクションで娯楽ものなんだから、そんなこと気にしてもしかたないでしょう」という声も多いかもしれません。でも、ここに悪魔の構造が潜んでいるとしたら……。

「すべての現象はゼロ」というのが宇宙の本質ですから、本当は、宇宙には善も悪もありません。善も悪も、あくまでも人間の見方で色分けされた結果に過ぎないのです。

正義の味方というのも、正義と言っている側からの見方なのです。もしかしたら、怪獣にも怪人にも、愛する家族や友人（友獣？）や恋人（恋獣？）がいるかもしれません。

正義の側から見たら痛快な悪者退治も、悪者にされた側から見ると、大事なお父さんや恋人を奪われた悲劇なのかもしれないのです。そうだとしたら、ヒーローは正義の味方どころか、悪の権化とあちらには映っていることでしょう。


人間同士も同じです。常に、「義」は正義の側にあるのです。なぜなら、その義を唱えている自分たちの側が正しい、正義であるという前提だから。

自らの正しさを打ち出せば打ち出すほど、相手に間違いを突きつけることになるので、お互いに相手を否定し合って、戦うことになります。正義が出過ぎると、戦いや争いが生まれるのです。

本来、人生に幸福や救いをもたらすはずの宗教が、もっとも残酷な宗教戦争を引き起こしているのも同じ理由です。信仰心が強ければ強いほど、自らの正しさが強くなり、相手への否定も強くなるという構造です。

平和運動も、例外ではありません。平和を求め願うはずが、それが戦争への憎しみに変わってしまうと、その憎しみが、次なる戦争を引き起こすことになります。

自分の正しさを主張することは、相手を否定することと背中合わせなのです。正しさや正義はこういう一面も持っているということは、覚えておきましょう。


予言や占いの中にも、悪魔の構造は潜んでいます。

世の中には、予知能力のある人や、未来を占うことのできる人がいます。その中には興味深い情報や参考になるアドバイスもあるのですが、注意が必要なものもあります。

それは、「悪しき予言」です。災害、事故、病気といった、一般的にネガティブとされるものです。これは災害や事故への忠告や、用心という意味もありますが、その予言をした人は、その成就を願うという罠にはまってしまうことが多い。自分のした予言がはずれないように、いつの間にか、無意識のうちに災厄が起きるようにと願ってしまうわけです。

だから、「信頼できる予言者や占い師は、原則として悪しき予言はしない」と覚えておくといいでしょう。

悪しき予言で脅すだけ脅して「どうすればいいか」を言わないのは論外ですが、対策をアドバイスしてくれる場合でも、悪しき予言に引きずられないように注意することが肝心です。

最後にもうひとつ、悪魔の構造の隠れ場所です。

それは、「向上心」です。

向上心のどこに悪魔が？　と思った人も多いのではないでしょうか。向上心を持つことは奨励されることこそあれ、気をつけろと言われることはほとんどないと思います。向上心のある人はよくて、向上心のない人はダメという見方が一般的でしょう。

たしかに、向上心は人間の進歩や新たな可能性を引き出す力になることもあります。だから、一概に否定するつもりはないのですが、全面的に正しいとも言えないのです。というのは、向上心は、「今のままではダメだ」「もっと上に行かねばならない」といった、「今の否定」につながる面もあるからです。

今の状態を不足として、「もっともっと」という不満の心を持つことは、そういう意味で悪魔への加担にもなりえるということです。

向上心にはすばらしい面ももちろんありますが、それが今の状況の否定や、自分の否定、他人の否定につながってしまうと、いつのまにか悪魔の構造に組み込まれてしまう可能性もあるということは、覚えておいて損はないでしょう。

いずれも、自分の側の正しさと、ほかへの否定というのがベースにあるようです。これを見ても、正しさよりも楽しさのほうが、幸せに近いといえるかもしれませんね。

おもしろがる

――何でもおもしろがっていると、また「おもしろい」と言いたくなる現象が起きやすくなります。

「3・5・8は聖なる数字」という話があります。

正観さんがよくしてくれた話で、「3と5と8という数字には、なんらかのパワーがあるらしい」というものです。本当にパワーがあるのかどうかはわかりません。でも、次のような例を見ると、興味深いものがあります。

●おシャカさまが悟ったのは35歳8カ月だった。

●徳川将軍で、初代の家康と最後の15代の慶喜以外に知られているのは3代・家光、5代・綱吉、8代・吉宗。

●仏教が日本に伝来したとされるのが、538年。

●3（み）8（や）5（こ）＝都。

こんなふうに3と5と8の事例が重なると、もしかしたら本当に聖なる数字かもしれないと思ってしまうおもしろさがあります。

さらに、正観さんから、「3・5・8を見たり使ったりすると、おもしろいことが起きるようだ」という話を聴いて、おもしろがった人たちが、車のナンバープレートや電話番号を「3・5・8」の入ったものに替えたりするようになりました。

車のナンバーを替えると、燃費がよくなったという人が続出して、「やっぱり3・5・8はおもしろいね」とさらにおもしろがるという楽しい連鎖が生まれたりしもしました。

こういうことを日ごろからやっていると、「3・5・8」以外でも、数字の一致や不思議なつながりをおもしろがるという習慣が身についてきます。

こんなこともありました。

拙著『ぼくが正観さんから教わったこと』（風雲舎）の出版記念講演会を、2012年7月16日に行いました。その3年前のちょうど同じ日に、正観さんが香川県の善通寺という弘法大師・空海ゆかりのお寺で講演をしたのですが、その日は、空海さんが唐から帰国後、嵯峨天皇から許可が出て、はじめて京の都に入った日からちょうど1200年目という日だったのです。

正観さんは、講演の中でも空海さんの話をよくしていて、2009年に開催した「正観さんとの四国88箇所めぐり」の参加者がちょうど88人だったりしたこともあり、きっと空海さんと縁が深いのでしょうねとおもしろがっていたのですが、7月16日という日付がまたピッタリ一致して驚いたのでした。

さらに、驚くべきことに、この日の出版記念講演会の参加者もなんと88人だったのです。「だからなに?」と言ってしまえばそれまでですが、空海さんとのご縁を感じたり、応援してもらえている感じがして、とても楽しく気分のいいものです。

こうしたことをおもしろがって喜ぶと、人生そのものがおもしろくなっていきます。**なぜなら、おもしろがる心があるときに、その現象はおもしろいという意味を持つというのが本質的な理由ですが、おもしろがっているとまた「おもしろい」と言いたくなる現象が起きやすくなるからです。**「ありがとう」をたくさん言うと、また「ありがとう」と言いたくなるような現象や出来事が起きるのと同じです。

ここでも、「投げかけたものが返ってくる」という大法則がはたらくわけです。

ちなみに、このような数字の一致やつながりは、シンクロニシティ（共時性、意味ある偶然の一致）といって、「流れに乗れているよ」とか「宇宙が応援していますよ」というサインであることが多いとされています。

シンクロニシティは、意識を向けるようにすると、たくさん気づくようになります。そして、おもしろがっていると増えます。そういう意味でも、こういう一致やつながり、流れをおもしろがって喜んでいると、人生はますます流れがよく、楽しくなっていくようです。

氏名は使命

――名前にはその人の役割が隠されているかもしれません。

あなたは、自分の名前が好きですか？

「好き」「大好き」という人もいれば、「あまり好きじゃない」「嫌い」という人もいるでしょう。

「名は体を表す」という言葉もあるように、名前はある意味で自分そのものを表しています。

だから、名前をどう見るかは、自分をどう見るかにつながります。

自分の名前が好きな人もそうでない人も、まずは名前をよく見てみましょう。

いろいろな角度から見ることができます。

たとえば、由来。どういう由来で、この名前はつけられたのか？

親が名前を決めたという人が多いと思いますが、どんな願いを込めて名づけられたのか？

お父さんやお母さんに聞いたことがある人はそれを思い出し、聞いたことがない人は今から聞いてみるといいでしょう。

また、名前の文字の意味を見るという方法もあります。

名前が漢字の場合は、その漢字の持つ意味や成り立ちを、漢和辞典などで調べてみる。意外な意味があることを知って、新たな気分になれる場合もあるはずです。

名前の音（読み）から見ていく方法もあります。

日本語はとくに、言霊《ことだま》や音霊《おとだま》という考え方があり、言葉にはそれぞれの読みや音の響きからくる意味があるとされています。たとえば、「あ」は「新しい」という意味があるとか、「み」は「水」を表すというように。自分の名前の持つ意味を音や読みから探ってみると、きっと新発見があると思います。

姓名判断で見てもらったことのある人は、それをプラスするのもいいでしょう。

ネガティブなことを気にし過ぎたり、姓名判断に縛られ過ぎたりしないように注意することは大事ですが、自分の気持ちが前向きになるような内容であれば、それを自分の中で認識しておくことは大いにプラスになります。

「アナグラム」というおもしろいやり方もあります。

アナグラムとは、文字の組み替えのこと。言葉や単語の文字の順番を組み替えて、別の言葉にするという一種の言葉遊びです。ルールとしては、濁点「゛」や半濁点「゜」は取ったりつけたりしてもOK。促音（「っ」）や拗音（「ゃ」「ゅ」「ょ」）は大きくしても小さくしてもOK

です。

これを名前でやってみます。たとえば、「たなかかくえい（田中角栄）」を組み替えると、「ないかくかえた（内閣変えた）」になり、「ダイアナ」は「アイダナ（愛だな）」と組み替えることができます。

「こばやしせいかん（小林正観）」は、「かんせいごはやし（完成後速し）」「こせいはかんしゃ（個性は感謝）」となり、「たかしまりょう（高島亮）」であれば、「かたりましょう（語りましょう）」というアナグラムができたりもします。

すぐにはわからない場合もあるかもしれませんが、ゲーム感覚であれこれ組み替えてみるとおもしろいですよ。

以上のように、どの角度からでもいいので、ぜひ自分の名前をよく見てみましょう。

名前は、自分が誕生して最初に与えられるもの。「氏名は使命」という言葉もあるように、名前にはその人の使命（役割）が隠されているといわれています。その名前を与えられるような縁や理由があって、私たちはこの世に生まれてきているのかもしれません。

名前をよく見て、よく知り、よく認めることで、きっと自分自身も今回の人生も、より輝きを増すことになると思います。

ただ、名前は大事なものですが、名前ですべてが決まるわけではありませんし、よし悪しを決めつけ過ぎては名前もかわいそう。気軽に名前を見てみることをおすすめします。

自分の名前が少しでも好きになれたとしたら、その分自分自身のことも好きになれるはずです。そして、自分自身が好きになると、人生はより楽しく豊かなものになっていきます。

ダジャレ

――毎日の中に、ふっとゆるむひとコマを持つようにすると、心と脳に潤いと余裕が出てきます。

人生に潤いを。

それには、なんといっても笑いが一番の潤滑油になります。ユーモアのセンスを磨いて楽しめるといいですが、まずは手軽でおすすめなのが、シャレ（洒落）です。

毎日の中に、シャレを取り入れるのです。それも、誰もが「すごーい！」と唸るようなセンスのいいシャレを目指すのではなく、「しょーもなー……（笑）」と笑っちゃうダジャレからでOK。むしろ、ばかばかしくて笑っちゃうダジャレのほうがいいかもしれません。

たとえば、「彼とカレーを食べる。私たち、カレーなる一族」とか、「しょーもないダジャレを言うのはダレじゃ?」とか、「マスカラ、いまつけますから」とか。

すでにあきれている人も多いと思いますが（笑）、ダジャレといえども、あなどるなかれ。これは、頭の体操としてなかなか効果的です。言葉遊びは、かなり高度な脳のエクササイズになるのです。しかも、笑いで脳もゆるみます。

脳にも潤いを。

おやじギャクにも、あたたかいまなざしを。

ちなみに、ダジャレは最近、「おやじギャグ」と呼ばれることが多いですが、正式に「おやじギャグ」と呼べるネタは、次のダジャレしかありません。

「あはは一、父さんの会社、倒産しちゃってねー……親、自虐」

・・・・

ダジャレを言いましょうと言われても、きっと、いきなり人に言うのは勇気がいるでしょうから、まずはひとりで考えて、つぶやいて、ひそかに笑ってみるところからはじめましょう。ちょっとこわい光景ですけどね（笑）。

「かがみながら、鏡を見る」

「このぶどう、ひとつぶどう?」（これは正観さんの作品です）

「チャンネル変えたら、父ちゃん寝るぞー」

毎日の中に、そんなホッとゆるむひとコマを持つようにすると、脳にも人生にも潤いと余裕が出てきますよ。シャレのセンスも、だんだん上がるかもしれません。こんなシャレた生活、どうぞ試してみなしゃれ。

ダジャレといえば、絶対に押さえておかなければならない人がいます。それは……謎の外人、金髪の奇行師、デーブ・スペクターさん。

いつもテレビでギャグを連発し、ほぼ必ずスベり、バッシングの嵐にさらされても、まったくメゲることなく次のギャグを紡ぎ出す、あのデーブさんです。

「住めば都はるみ」をはじめとするクールギャグでおなじみのデーブさんは、東日本大震災後、ツイッターでギャグを連発し続けてもいいものかと、一時は悩みます。しかし、「日本を明るくするのは笑顔だ」という信念のもと、一貫してギャグをつぶやき続けました。

すると、そのツイッターが大ブレイク。多くの人に笑いと癒しをもたらし、震災後、人気NO1ツイッターとなったのでした。

彼のクールギャグは、人々の心をあたたかく包みました（クールなはずなのに！）。

そのギャグの切れ味は見ごと。さらに驚くべきは、その数です。日々忙しいであろうスケジュールの合間をぬって、次々と速射砲のようにダジャレやギャグを発射するのです。そして、それを今も続けています（2012年9月現在）。

「天才とは量である」という言葉がありますが、デーブさんはまさに天才ですね

「夢も希望もない生活」でも、「デーブさんのように有名」にならなくてもいいんです。パソコンがなくてもいいんです。「有名もキーボードもない生活」でも、ダジャレする心があれば、おシャレな暮らしができます。

脳と人生に潤いのある暮らし、楽しんでみてください。

お金とのつきあい方

——お金は宇宙からの預かりもの。抱え込まずに流すようにすると、また流れてきます。

興味深い話を聞きました。あることがきっかけで寄付をするようになった人の話です。

その人は、寄付用の預金口座をつくり、そこから気の向いたときに自分の中で負担と感じ

ない金額を寄付することにしました。寄付していくうちにだんだんと楽しくなり、1回あたりの金額も、1000円から2000円、3000円と増えていったため、そろそろ金額を減らそうかと考えます。

ところが、ちょうどそのとき、思いがけない多額の臨時収入があり、寄付用の口座の残高が、口座をつくったときに入れておいた残高よりも多くなったのでした。

そこでその人は、「お金は貯め込もうとした途端、流れてこなくなるらしい」という話を思い出し、これからも寄付を続けていこうと考え直したのだそうです。

「収入の10分の1を寄付する」ということがキリスト教やユダヤ教で、またお金持ちの間で奨励されているという話がありますが、これと相通じるものがあります。

寄付することによって、また新たにお金が入ってくるということを、それらの人々は経験的に知っていたのかもしれませんね。

逆に、お金を貯め込んでしまうと、かえってお金の流れが止まってしまうということもまた、長い間の経験から知られるようになったのでしょう。

お金は、「自分のもの」と思うと、怖い存在になります。自分のためだけに使ったり、自分の元から出ていかないように貯め込んだりすると、減るのが怖い。「おっカネえ」ということになるのです。

お金は自分のものではなく、天下の回りもの、宇宙からの預かりものと思うと、自分で抱え込むこともなくなるでしょう。そして、抱え込まずに出す（流す）ようにすると、不思議なことにまた入ってくる（流れてくる）。

つまり、お金を流すと、新たにお金をマネーくことになるのです。

通貨は、英語で言うと「currency（カレンシー）」。その元になっている「current（カレント）」という言葉には、「流れ」という意味があります。まさに、通貨は流れ。お金も流れるものなんですね。通貨は、とどめずに通過させてこそ、本来の役割を果たすことになるわけです。自分のところに貯め込んで抱え込むと、流れは涸《か》れやすくなるし、お金も淀んで腐ってきてしまいます。

もちろん、ただたくさん使えばいいというものではないし、湯水のごとくぜい沢をしろという意味でもありませんが、お金を積極的に使ったり寄付したりすることで、お金の流れも「涸れんしー」ということなのでしょう。

涸れないためのポイントは、「喜ばれる使い方」をすること。

お金を運んできてくれるのは、「人」です。お金が勝手にやってくるわけではありません。だから、自分以外の人が喜んでくれる使い方をすると、そこにお金の流れが生まれます。逆に、自分だけが喜んで、ほかの人が喜ばないような使い方では、お金の流れは生まれにくく、止まりやすいということになります。

人に喜ばれるように使うか、自分以外の誰も喜ばない使い方をしているのかで、お金の流れも変わってくるわけです。

「この使い方で、誰がどんなふうに喜んでくれるだろうか」ということを意識しながら使うと、心も満たされ、お金の流れも生まれやすくなるようです。

「このお金を使うと、誰が喜ぶのカネ?」

そう意識してみてはいかがでしょうか。

ジャプトーバー

――「和」とは、違いを認め、それぞれを合わせること。大きな平和は、一人ひとりの日常からはじまります。

「和」から、どんな言葉を思い浮かべますか?

温和、調和、平和、融和、和合、和気、和音……。

争って、戦って、自分の正しさを主張するのではなく、和《なご》やかに和をもって、和を生み出していくことが、これからの時代は、ますます必要になってきます。ただそれは、「みんな同じになろう」という仲良しクラブとは少し違います。

和とは、「違いを認めること」。そして、「それぞれを合わせること」。

お互いの違いを認め合うことで、お互いの持っているものが発揮されます。そして、それらを合わせ、お互いにまかせ合うことで、相乗効果も生まれます。

「和」は、文字どおり「足し算」になるのです。

団体や組織や国もそうです。聖徳太子がつくったとされる十七条憲法の第一条は、「和を以て尊しと為す」でした。

和の重要性を聖徳太子もいの一番に説いたわけですが、以後、日本人の精神性や風土に和がますます染み込んでいくことになります。

日本は大和とも言うくらいですから、「和」の国なのです。

おそらく、これから日本が世界に輸出できる、もしくは輸出していくべきものは、「和」です。和の価値観や精神性や実践行動を自ら示し、伝えていくことが、日本が世界にできる貢献でしょう。

正観さんは、おシャカさまが言った「ジャプトーバー」の話をよくしていました。

おシャカさまが亡くなるときに、「末法の時代になってから500年ほど経つと、インドのはるか東方にジャプトーバーという国があって、その国で自分の教えや考え方が正しく理解され直す。その国の人々は、争うことや戦うことが嫌いな人たちで、その考えと自分の教えが正しく理解されることが相まって、平和な世界がはじまる」と予言したという話です。

発音や年代から考えると、ジャプトーバーとは、現在の日本（ジャパン）であると思われます。まさに、争ったり戦ったりすることを好まない国民性と和の精神で、「和やかに、和をもって、和を生み出していくこと」を実践し伝えていくことが、ジャプトーバーに生まれた私たちに与えられているチャンスなのかもしれません。


では、日本が和の国として世界に貢献するにはどうしたらいいでしょうか？

それは、私たち一人ひとりの日常からはじまります。

日本を平和にするのは、政治家ではありません。私たち一人ひとりです。

世界を平和にするのは、国家同士の主義主張でもなければ、戦争でもなければ、平和運動のデモ行進でもありません。私たち一人ひとりの毎日の暮らし方です。すべては、自分からはじまります。

自分のまわりが平和でなければ、真の意味での世界平和は生まれません。自分のまわりへの貢献の延長線上に、はじめて世界への貢献も可能になるのです。自分から遠いところを変えようとしても、自分の近くが争いばかりでは、遠いところなど変えられるはずもありません。順番は、近くからです。

だから、世界平和を大上段に掲げる必要はなく、世界をどうこうしようと肩に力を入れる必要もありません。まずはただ自分が「和」を意識して、「和」を生きて、「和」を楽しめばいいのです。

きっと、「わー!」と驚くようなことやうれしいことが増えますよ。そして、結果として、世界にも「わー!」という歓声が増えていくに違いありません。

第6章

誰もができる生き方論

「き・く・あ」の思想

——競わない・比べない・争わない。それが無敵な生き方。

問題です。身長2メートルのA君と、体重120キロのB君とでは、どちらが大きいでしょうか？

答えは、「なんとも言えない」。

A君のほうがタテには長いかもしれませんが、ヨコに見たらB君のほうが幅広いかもしれません。「大きい」というのが、身長で比べるのか、体重で比べるのか、はっきりしないことには比べようがありませんね。

それなのに、もし、A君とB君が互いに「大きいのは、僕のほうだ」と言い争っていたとしたら、ムダな争いですね。ムダをとおり越して、滑稽に映るかもしれません。

次の問題です。クラスに、野球の得意なC君と、サッカーの得意なD君、書道の上手なEさんと数学が得意なFさんがいます。一番優れた人をクラス代表として選びなさいと言われたら、誰を選びますか？

どうでしょう、わかりますか？

答えは、「なんとも言えない」。

何のためのクラス代表かがわからないと、選びようがありません。もし、野球のための代表であればC君、サッカーならD君、書道ならEさん、数学ならFさんにそれぞれなるかもしれません。でも、「一番優れた人」というのは、どこに基準をおけばいいかわかりません。だいたい、優れた人間とそうでない人間なんて、判断できるものなのでしょうか？　どちらにしても、無理があります。

でも、今の世の中で行われていることは、この無理なことなのです。競って、比べて、争って、勝とうとしている人たちがたくさんいます。学校や教育の現場でも、世間や会社の職場でも、どこに基準があるかもわからないのに、勝とう勝とうと努力し続けます。

競って、比べて、争って、代表を目指してお互いを落とし合っています。もし代表になれたとしても、勝者はひとりだけ。残りは敗者です。そしてほかのメンバーは、自分を敗者にするかもしれない敵です。

もし、野球で争ったらC君、サッカーならD君、書道ならEさん、数学ならFさんが、それぞれ勝つかもしれないけど、でもそれは「人として優れているかどうか」とはつながらない話です。

基準やものさしがひとつに決まらなければ、比べることはできません。決まったとしても、その基準は、無数にある基準の中のほんのひとつに過ぎません。

そのひとつのものさしの上に人を並べて順位をつけることには、土台無理があります。人間は、ひとつのものさしだけでは、とうてい測れない存在だからです。

もし代表が誰かひとりに決まったとしたら、あとの3人はいないも同然です。3人の持っているものは、そのまま土に埋もれてしまいます。ああ、もったいない。

すべては、競って、比べて、争って、勝者は優れていて素晴らしくて、敗者は劣っていてダメという絵の中にとじ込めようとするところからはじまっているのです。


では、「競わない・比べない・争わない」という考え方をしてみると、どうなるでしょう?

C君もD君も、Eさんも Fさんも、お互いに認め合い、お互いに力を合わせます。野球のことはC君に、サッカーになればD君に、書道の時間はEさんに教えてもらえばいいのです。それぞれの力を、大いに発揮すればいいのです。

クラスの代表も、ひとりでなければいけないとは限りません。4人がそろって代表になればいいのです。4人の力を足せばいいのです。すると4人の力は引き算にはなりません。土に埋もれる人もいません。

「競う、比べる、争う」と、4人は差をつけ合う敵同士です。

「競わない・比べない・争わない」と、4人に差はありません。差がとれているので、差とり（悟り）の世界です。敵になることもないので、無敵です。そして、力を和合させるよき仲間になります。

見方ひとつ、考え方ひとつで、こんなに世界が変わります。

わかりやすい例にしてみましたが、世の中で起きていることも原理は同じです。競って、比べて、争って、敵同士の力比べで生き残りをかける世界と、互いに認め合い、補い合い、まかせ合って、仲間の力を和合する世界。あなたは、どちらを選びますか？

天才とは量である

——自分が「これ」と思ったことを続けてみる。量を重ねると自分以外の力につながるのかもしれません。

あなたも天才になれる。そう言われたら、どう感じますか？

「そうね、なれるかもしれない」と思う人もいるでしょう。

「生まれつき決まっているものでしょう?」と無関係を決め込む人もいるでしょう。「ムリ! 天才なんてなれるわけないわ!」と反応する人もいるかもしれません。

一般的に、天才とは「特別な才能を持った一部の特別な人」と考えられがちです。わずかな人だけに許される呼び名であるかのように。

でも、天才を「天から与えられた才能を発揮できている人」ととらえれば、誰にでもそのチャンスはあります。

誰もが何らかの才能や能力を天から与えられて生まれてくるわけですから、人と比較しなければ、「自分にもなにかの能力はある」とすんなり認められるでしょう?

天才になるためには、キーワードがあります。

それは、「天才とは量である」。

天才と言われる人たちに共通するのは、膨大な「量」を重ねていることです。

イチロー選手は、膨大な量の練習を積み重ねてきています。小学生のときは、ほぼ毎日お父さんとの練習の後、さらにバッティングセンターに通い、200球の打ち込みを欠かさなかったといいます。

ピカソは、膨大な量の作品を描いています。絵画、版画、彫刻、挿絵、陶器などすべての作品を合計すると、その数なんと15万点近くにのぼると言われています。91歳で生涯を閉じるまで、旺盛なバイタリティで作品を生み出し続けたわけですが、換算すると、1日あたり5点もの作品を毎日欠かさず創作したとしても、80年以上かかるという大変な量です。

エジソンは、特許だけでも1300以上を取得していて、発明の件数でいえば、その何倍にも及ぶといわれています。さらに、ひとつの発明に費やす実験の数も、並大抵のものではありませんでした。電球のフィラメントの素材を選ぶのに、数千種類の素材を使って繰り返し実験を行うなど、とにかくその量は常識の範囲をはるかに超えていました。

ちなみに、もっとも多くの実験をしたのは自動車用の蓄電池で、5万回を超える実験を繰り返したと言われています。

3人の天才に共通するのは、「量」。それも膨大な量です。**膨大な数量を重ねることで、天から与えられた才能が開花するのです。**

小さなコツの専門家・タクちゃんこと野澤卓央《のざわたくお》さんも、「コツコツと繰り返して、下手になることはない」と言っています。

だとすれば、自分が「コレ！」と思うものに関して、膨大な量の練習や、試行錯誤を重ねればいいのです。

量は質をも向上させ、天才への道をひらいてくれるはずです。

正観さんは、「何でもいいから、同じことを続けることが、能力を開花させる最良の方法」ということをよく言っていました。

何でもいいのです。自分の「コレ！」を見つけて、あるいは決めて、ただひたすら量を重ねるということをやってみると、自分の力も発揮され、自分以外の力にもつながるようになるのではないでしょうか。

いくつものことに手を広げるよりも、なにかひとつのことに絞って量を重ねるといいかもしれません。1点に集中してエネルギーを投入し、歳月を積み重ねるのです。「点」と「歳」が結びついたとき、そこにきっと「てんさい（天才）」が生まれます。

ほめる

——ちょっとしたことをほめてみる。それが結局は、自分自身のプラスにつながります。

私たちは誰でも、人にほめられるとうれしいものです。マズロー（アブラハム・マズロー。アメリカの心理学者）の心理学説でもいうように、人には承認欲求があり、人からほめてもらうと喜びを感じるようになっています。

ということは、人のことをほめてあげれば、その人に喜ばれることになります。そして、人に喜ばれると、いい流れが自分にやってきます。

つまり、人をほめることは、結局自分自身にとってもプラスになるわけです。「情けは人のためならず」という言葉と一緒ですね。

ただ、慣れていないと、ほめることも意外に難しいもの。

「人をほめるのって、ちょっと恥ずかしい」「本当に素晴らしいとは思っていないのに、取ってつけたようにほめても、すごく白々しいし、ゴマをすっているようでイヤ！」「素直にほめたくなるような素晴らしい人なんて、そんなにいないんじゃないの？」「相手をほめると、自分が負けたような感覚になってしまう」

そう感じる人も多いのではないでしょうか。

たしかに、うわべだけのほめ言葉は、言っている自分もモヤモヤするし、相手にもそれは伝わります。またお互いの優劣につなげてしまうと、素直にはほめにくくなりますよね。

そんな場合におすすめなのが、「小さく絞ってほめる」という方法です。ほんのちょっとしたことや、わずかな部分を取り出して、そこをほめるのです。

たとえば、「彼女の話はちょっと聞き取りにくいんだけど、話すときのあの楽しそうな表情はなかなかいいわね」とか、「あの人は、ふだんぶっきらぼうだけど、おいしいラーメンのお店だけはよく知っている」とか、「彼は洋服のセンスがあまりよくないけど、髪型は意外に似合っているのよね。いい美容室に行っているのかしら」というように。

相手のことを全人的にほめるのは難しい場合でも、どこか一部分だけなら、素直にほめられるところがきっとあるはずです。

全体をほめようとするのではなく、まずは見る部分を小さく絞って、そこに焦点をあててほめる。小さな長所を探すつもりで見るわけです。そうすれば、相手と自分を比較しなくてすむし、うわべだけのほめ言葉にもなりません。ほめることがずっと気軽になり、ずっとほめやすくなると思います。

また、「できた」ことや、「できる」ことをほめるようにするのもいいでしょう。とくに、子どもは喜びます。

天才たちの陰には、ほめてくれる人の存在があります。手塚治虫も美空ひばりも野口英世もアンデルセンも、お母さんがわが子をとてもほめながら育てたと言われています。

盲目の天才ピアニストとして活躍中の辻井伸行さんの場合も、母のいつ子さんの「ほめる」がポイントになったようです。

いつ子さん自身はピアノが弾けないので、ただ感じたままにほめてあげていた。すると伸行さんは、ほめられるとすごくうれしくて、もっとすごい曲を弾いてお母さんを喜ばせようと思ったそうです。

どのお母さんも、人との比較ではなく、ただその子ができたことを、そしてその素晴らしさをそのまま認め、そのままほめてあげたという点で共通しています。

それが、子どもにはたまらなくうれしいことなんですね。うれしいからやる気にも火がついて、才能を引き出し、量を重ねる大きな原動力となるわけです。

これは子どもに限らず、大人も同じ。飛び抜けたことや、ほかの誰にもできないようなすごいことでなくて構いません。他人との比較は横に置いて、自分がＯＫと思えればそのポイントでいいのです。

「できない」ことを否定したり、「できない」ことができるようになることを求めたりするよりも、「できた」ことを認めてほめる。人の目でなく、自分の目と心で「よかった」「すごい」「なかなかいい感じ」と思えたら、それを素直に認めて、ほめればいいのです。

ほめることは、人を伸ばします。そして、人を喜ばせます。喜ばれると、自分もうれしい。

人も自分も、たくさんの喜びを味わいながら、それぞれが持っているものを発揮することができるようになります。使わない手はありませんね。

男と女はこんなに違う

――異なる特徴と役割を持っている男女。互いの特徴を押さえておくと相乗効果が生まれます。

世界を動かしてきたのは、男です。偉人伝や歴史の教科書に登場する人物は、圧倒的に男が多いですね。そういう意味で、世界を動かしてきたのは男といえるでしょう。

でも、その男を動かしてきたのは、女です。体力や、社会的な働きや役割でいうと、一般的に男のほうが大きいので、男が女よりも強いように思われがちですが、それは誤解です。なぜなら、その原動力になっているのは女だからです。

「いや、そんなことはない。男は女のために動くのではなく、大儀や名誉や誇りのために動くのだ」という意見もあると思いますが、その大儀や名誉や誇りというのも、結局、誰に認められたいのかとその元をたどると、女に行き着きます。男は自分の力やはたらきを誇示することで、女に認められ、賞賛されたいと思っているのです。

女に認められてはじめて、子孫を残すことができる。それが生物としての男の宿命です。男は子孫を残すことができてはじめて、生物としての存在意義が生まれるわけです。これは、本能的に組み込まれているものといっていいでしょう。

自分の存在意義にかかわることですから、男もがんばります。なんとか女に認められるために、社会の中で自分のはたらきを誇示しようとするわけです。個人差はあるにせよ、基本的な原理はそうなっています。

この生物としての本質を踏まえて見てみると、女に認めてもらうために、こんなこともできるよ、あんなこともできるよと、一所懸命に動く永遠の男の子。それが男という生き物である、という男女の関係が見えてきます。

この世はあらゆるものがプラスとマイナス、陽と陰でできていますが、男と女をその角度から見てみても、その違いがよくわかります。

陰陽でいうと、陽が男、陰が女です。

「陽」は、「外に向かってはたらきかける」性質です。外に向けて動いたり、仕掛けたり、広げたりするのが特徴です。自分から相手に向かって、能動的にアクションをします。だから、外に出かけて獲物をとり、社会に向けてはたらきかけ、物ごとや自分の能力を広げるというのが、昔から男の役割なのです。

「陰」は、「内に向かって受け入れる」性質です。外からのものを受け入れたり、包んだり、育んだりするのが特徴です。相手のはたらきかけを受けて、受動的に対応します。だから、内にいて家を守り、きたものを受けとめて定着させたり、子どもを育てたりするのが、昔から女の役割なのです。

また男は、いろいろなことに好奇心を持って突き進み、バカなことにもトライしてしまいます。一方、女は命を生み育てる役割もあるので、危険を避け安全を確保しようとします。

男と女は、同じ人間といっても、まったく異なる特徴と役割を持っているわけですね。だから、お互いに理解できないところが出てくるのも、ある意味当然です。

「手のひらの上で踊る（踊らされる）」という表現がありますが、男女の関係でいえば、女の手の平ひらの上で男が踊っている（踊らされている）ということになります。男と女の違いとその役割を考えると、ある意味でそれは必然でもあり、幸せな形でもあるのです。

もちろん、これらは生物としての本能や陰陽の原理から男女を見たものなので、これだけでは括《くく》りきれません。でも、根本的な違いや特徴を押さえておくと、無用な衝突を避けたり「違うんだから仕方ないよね」とあきらめたり、相手を許せたりします。それぞれの持ち味を発揮したり引き出したり、相乗効果を生み出すこともできます。

女性は上手に男性を手のひらの上で育み、男性は喜んで女性の手のひらの上で踊る。そんな素敵な関係をたくさん生み出していきたいものですね。

やさしさ

——本当のやさしさとは？「待たないこと」「訊かないこと」これもやさしさです。

4月8日はオシャカさまの誕生日とされています。お寺では、花まつりとか花会式といって、おシャカさまの誕生を祝う行事が行われます。その中で、おシャカさまの誕生像に甘茶をかけて祝福する儀式があるのですが、これは、おシャカさまが生まれたときに天から龍が降りてきて、甘露を降り注がせたという伝説に基づいています。普通の赤ちゃんでいうと、産湯のようなものでしょうか。

ぼくの息子は、陣痛がはじまってからなかなか生まれてこなかったため、陣痛促進剤や鉗《かん》子《し》を使っての吸引で壮絶な出産となりました。

生まれてきてもすぐには泣かず、「生きているのか?」と心配になりましたが、産湯で体をぬぐっているうちに、泣き声を上げて動き出したのでした。

ほっと安堵。

「無事生まれてくれてよかった」カミさんと子どもに感謝した瞬間でした。

それから十数年。

「元気でいてくれさえすればそれでいい」というあの日の思いも、日々の中ではついつい忘れてしまいます。息子を自分の思いどおりにさせようとしたり、怒鳴ってしまったりすることがあります。そんなことのあとには、誕生の瞬間は元気でいてくれることだけを願った、あの初心を忘れずにいかないとなと、反省することもしばしばです。

息子はおシャカさまではありませんが、甘茶をかけてあげよう。今の状態を否定して「もっともっと」と要求するよりも、今の状態を肯定してあと押ししてあげよう。厳しい言葉ばかりを浴びせるのではなく、甘く認めて、甘くほめて、伸ばす言葉を注いであげよう。

甘茶はきっと、かけられるほうにも、かけるほうにも祝福をもたらしてくれることでしょう。甘茶をかけると、やさしさが生まれます。自分の子どもだけでなく、人には甘茶をかけてあげる。お互いに甘く、甘く。甘茶で生まれるやさしさは、とてもおいしいですよ。

ときには厳しさも必要ですが、それはともすると、こちらの思いの押しつけになってしまうこともあります。人は、外からの強制では本心から動かないし、自分から動くのでなければ、本当の意味では伸びません。

天才を育てた親の中には、普通に見たら「甘過ぎる」と映る親もいますが、それで天才は育つのです。

やさしさとは、自分の思いや力を押しつけないこと。甘茶をかけて、相手を認めてあげるというやさしさの中で、人も人間関係も育まれるのではないでしょうか。

やさしさには、「待たないやさしさ」「訊かないやさしさ」というのもあります。

たとえば団体で食事をするときに、全員がそろうまで待たずに食べはじめること、それが「待たないやさしさ」です。

普通は逆ですね。最後のひとりがそろうまで、全員が待っていてあげるのが、やさしいとされます。でも、それは待っている側の論理です。

待たせている側からすると、食べずに待たれているのは、とてもプレッシャーになります。待っているとは、「早く来い」と要求しているようなものです。いっそのこと、先に食べてもらったほうが楽というものです。だから、待たずに食べることのほうが、本当の意味でやさしいということになるのです。

「携帯電話禁止」と書かれているカフェの店内で、電話をしたくなったとき、黙って電話をかけること。それが「訊かないやさしさ」です。

普通は、お店の人に断りを入れてから電話をするのがやさしいとされがちです。でも、それは電話をかける側の論理です。店員さんの側からすると、「かけていいですか？」と訊かれたら、立場上「いいです」とは言えません。「かけていいですか？」と訊くことは、「許可しろ」と要求しているようなものです。いっそのこと、無断で電話をかけてもらったほうが、店員さんに責任は生じません。

だからといって、それは無断でかけていいということではありません。それで注意されたら、もちろん自分の責任です。責任を自分で引き受け、相手に押しつけないのが、やさしさです。

ともすると、私たちはやさしさというものを勘違いしやすいものです。やさしさという名の要求をしてしまっていることが、意外に多いかもしれません。

相手に要求をしない。「もっともっと」と求めない。どうするかは相手にまかせて見守る。それが、本当のやさしさなのではないでしょうか。

和顔愛語

——楽しい毎日を過ごしたいなら、和やかな表情と、やさしさに満ちた言葉を投げかけましょう。

地球上の生き物の中で、人間がもっとも発達しているものが2つあります。何だと思いますか?

ひとつは「表情」。もうひとつは「言葉」です。

動物にも喜怒哀楽や、それを表す表情はあると思いますが、人間ほど豊かな表情を持ち合わせている生き物は、ほかにないでしょう。

動物にも鳴き声をはじめ、言葉にあたるものはあると思いますが、人間ほど多様で複雑な言葉を持ち合わせている生き物は、ほかにはないでしょう。

どちらもコミュニケーションをとる上で大事な役割を果たしますが、なぜ人間にもっとも豊かな表情と言葉が与えられたのでしょうか?

それはおそらく、お互いに仲よくするためです。お互いに認め合って、力を合わせるためです。

動物同士が大自然の中で遭遇するとき、多くの場合、それは戦いや命の奪い合いになります。しかし、人間同士の場合、そこに笑顔があるだけで、戦いを避けることができます。やさしい言葉を使うことで、争いを回避することができます。

お互いの命を奪い合うことを避けるために、人間は豊かな表情と言葉を持つようになったのかもしれません。

もちろん、そのときに怒りの表情や相手をののしり攻撃するような言葉を投げかけたら、戦いや命の奪い合いが起きてしまう可能性はあります。

だから、どんな表情や言葉を投げかけるのか、それが大事なのです。

こちらがにらみつければ、相手もにらみつける。もし相手が好意に満ちた穏やかな表情を見せてくれたら、こちらも自然と和やかな表情になり、相手に好意を抱くようになる。そういうメカニズムがはたらきます。

言葉も同じです。相手がケンカを売るような言葉を投げつけてきたら、売り言葉に買い言葉でケンカになってしまいます。こちらが相手をいたわり気づかう言葉を発すれば、相手も自然とやわらかな言葉づかいになる。言葉にはそういう力があります。

人間は、表情も言葉も豊かで多様に発達しているからこそ、どの表情を選ぶのか、どの言葉を選ぶのか、その選択肢も多様にあります。

そう、選択は自由、自らに由るのです。もちろん、投げかけたものが返ってくるという大法則がきっちりとはたらいているという前提です。

もし、いばらの道に進みたい場合は、暗い・冷たい・つまらない・不機嫌な・怒りの表情でいればいい。そして、五戒（不平不満・愚痴・泣き言・悪口・文句）を言って人を傷つける言葉を発すればいい。

でももし、楽に楽しく毎日を生きたいのであれば、明るい笑顔や和やかな表情、つまり、和顔を投げかければいい。そして、あたたかさややさしさに満ちた言葉、つまり、愛語を投げかければいい。

和顔と愛語。投げかけるのに、お金はかかりません。資格もいりません。特別な才能も必要ありません。誰かの許可もいりません。目元と口元をちょっとゆるめることから、「ありがとう」のひと言から、それは可能です。

とてもお手軽な、でも、見返りはものすごく大きいこの2つの宝物を、持ち腐れにしておくのはもったいないですね。

埋もれさせずに、今、目の前の人にプレゼントしてあげるといいですよ。

シャッターは3・5・8

――自分の思いにこだわるのではなく、おかませして動けばいいのです。

正観さんから、ぼくはたくさんのことを教えてもらいました。その内容や経緯は、拙著『ぼくが正観さんに教わったこと』に書きましたが、この本に書かれていない〝最後の教え〟があります。

それは、上高地でのことでした。「正観さんとの上高地・帝国ホテルツアー」というイベントの主催者として、ぼくは、正観さんと30人の参加者とともに、秋の上高地を楽しんでいました。

散策の途中、集合写真を撮ります。デジカメで撮影するのは、ぼくの仕事。皆さんが集まったところにカメラをかまえます。

ところが、両サイドの人がはみ出してしまいます。

「はーい、もうちょっと寄ってくださーい」

もっと中央に詰めていただいて、シャッターチャンスをねらいます。ちょっとよそ見をしている人が、ちゃんとこちらを向くのを待ち、前後の人が重なっていないかをたしかめ、皆さんの笑顔がそろったところでパシャッと撮影。

「はい、ありがとうございまーす」かたまりが、笑顔でばらけます。

そのとき、正観さんがひと言。

「高島さん、シャッターが遅いです」

そんなに時間をかけたつもりはなかったのですが、指摘されてしまいました。

散策を再開して、梓川《あずさがわ》のほとりを楽しくおしゃべりしながら歩きます。そしてまた、再び集合写真です。

「はーい、集まってくださーい。撮りますよー」

今度は少し急ぎながらも、ちゃんとした写真を撮ることも忘れずにシャッターを押しました。すると、また正観さんに、「高島さん、シャッターが遅いですよ。シャッターは、かまえてから3秒以内に」と言われてしまいました。

全員がちゃんとフレームにおさまるようにとか、重なっている人がいないようにとか、皆さんの笑顔がそろうようにとか、ピントが合うまで少しだけ時間がかかるとか、撮影する側にも事情があるんだけどな……、と思いながらも、ぼくは「はい、わかりました」と答えました。

その後も、ツアー中に何度か、「シャッターが遅い。シャッターは3秒以内に」と正観さんに言われる場面がありました。

結局これが、ぼくが正観さんから直接言われた最後の教えになりました。

「最後の教えが『シャッターは3秒以内に』って、なんかカッコ悪い……」としばらくの間は思っていたのですが、あるとき気がづいたのです。これは、「自分の思いを手放しなさい」という教えだったのではないか、と。

つまり、こういうことです。

ぼくとしては、ちゃんとした写真が撮れるようにとか、できるだけいい写真になるようにと、意図してシャッターチャンスを狙っていたわけですが、おそらく、その思いを手放しなさいということなのです。

「ああしたい、こうしたい」「もっとこうするべき」といった自分の思いは、邪魔になることがある。ぼくとしてはよかれと思って、タイミングをはかっているのですが、そうしているうちに、実は最適なタイミングを逃してしまっているんですよ、と正観さんは教えてくれていたように感じるのです。

実際、撮られる側からすると、カメラをかまえてから時間が経つと、笑顔がだんだんひきつってきたり、「まだかしら」「早く撮ってよ」という思いが湧いてきて、それがどこか表情に表れたりもしてきます。結果、みんなが本当にスッキリと気持ちよく撮れたというのとは、違う写真になってしまいます。

それよりもむしろ、「もっといい写真を」という思いは横に置いて、サッとかまえてパッと撮るほうが、ベストの状態をキャッチできる。なぜなら、自分の計らいを手放して、今という瞬間に素直にパッと動いたほうが、流れに乗ることができるから。


自分の思いにこだわるのではなく、おかませして動くことの大切さを、正観さんは最後に教えてくれたのだと思います。「自我＋おまかせ＝１００」の「おまかせ」をもっと増やすといいですよ、という教えです。


先に述べましたが、正観さんは「3・5・8」という話をよくしてくれました。

「3・5・8」という数字は、どうもパワフルな数字らしい。宇宙的な支援や応援が得られるみたいだから、おもしろがって見つけたり使ったりするといいという話です。

シャッターの教えも、こんなふうにまとめることができます。

「シャッターは、3秒以内に、五戒を言わず、パッ（8）と押す」

これは写真の撮影に限りません。日々の中で、よかれという思ってつい自分の考えにこだわってしまい、流れに乗りそこねていることがあるのではないでしょうか？

思いを手放して、パッと軽く動くことで、タイミングも状況もベストに進む。

「3秒以内に、五戒を言わず、パッ（8）とやる」

それを淡々と繰り返していくと、いい写真が撮れるように、素晴らしい瞬間をたくさんつくっていけますよ。

味方にする

――味方が多い人は、応援されている人。それはいつも笑顔で誠実で、そして人を応援する人です。


先日、息子とこんなやりとりをしました。

「一流のプロ野球選手って、どういう選手だと思う？」

息子の夢は、プロ野球の選手になること。それも、「一流のプロ野球選手」になることだそうで、小学校の卒業メッセージでも、そう言っていました。この問いを投げかけると、息子は答えました。

「野球がすごくうまい選手」

「なるほど、たしかにそうだね。ほかになにかある？」

少し考えて息子が答えました。

「人気がある選手」

「そう、そのとおり！　いくらうまくても、それだけでは一流とは言われない。プロ野球だからね、人気があるかどうかが大事だよな。で、人気があるって、どういうことだと思う？」

「よくわからない」

人気がある人というのは、どういう人でしょう？

それは、人から応援される人です。応援されるということは、味方をつくるということでもあります。

これは、プロ野球選手に限った話ではありません。どんな仕事をしていても、仕事とは関係ない場合でも、応援されるかどうかで人生は大きく変わってきます。

なぜなら、自分ひとりの力でできることはたかが知れているから。

自分がやるべきことをしっかりやるのはもちろん大切ですが、自分の力だけでがんばるよりも、応援されるほうが楽にスムーズに進みやすくなり、味方が多いほうが、はるかに多くのことをよりよい形にできます。だから、一流選手は応援される選手なのです。

応援される人には、３つのポイントがあります。

ひとつ目は、「笑顔」。

応援される人は、いつも笑顔です。暗い顔をしている人は、応援されにくい。笑顔を見ると、人は親近感を覚えます。そして、その人のことをあと押ししたくなります。なぜなら、笑顔は人を明るく楽しくさせてくれるからです。

人は、明るく楽しいものが好きなのです。そして応援してあげたとき、相手が笑顔を返してくれたら、応援してよかった！　となおさらうれしく感じるはず。すると、次の機会にもまた、応援してあげたくなるものです。明るい笑顔は、応援を引き寄せ、味方をつくります。

2つ目は、「誠実さ」。

応援される人は、誠実です。不誠実な人は、応援されにくい。

誠実な人というと、堅苦しくてガチガチのかたぶつを連想するかもしれませんが、ここでいう誠実さとは、それほど四角四面なものではありません。今、目の前にいる人、目の前の物ごとを大事にし、丁寧に相対している人です。そして、言っていることとやっていることが一致している人。そういう人の姿を見ると、人はまた応援したくなります。ひたむきな誠実さは、応援を引き寄せ、味方をつくります。

3つ目は、「応援すること」。

応援される人は、自分自身が応援する人でもあります。他人のことを応援しない人は、他人からも応援されにくいですね。応援されるようになりたかったら、ただ待つのではなく、まず自分が応援する人になればいいのです。

「投げかけたものが返ってくる」というのが、宇宙の大法則。こちらが応援すれば、きっと応援が返ってきます。応援を引き寄せ、味方をつくります。

自力でがんばるのがいけないと言っているわけではありません。自力でも、応援を受けても、どちらでもいいのです。ただ、応援されるようになると、人生が大きく広がっていくことは間違いありません。

花は、自分の力だけでは咲けません。太陽や土、水や風がないと、生きることすらできません。ましてや、きれいな花を咲かせることなど、とてもできませんよね。

人も同じです。ひとりでは生きていけないし、自分だけの力では大したこともできません。世の中は、持ちつ持たれつ。ほかの人の存在や、応援や支援のおかげで、自分らしい花を咲かせることが可能になるのです。

応援や支援を受けるということは、相手の力におまかせするということです。10の味方をつくれば、10の力におまかせすることができ、100の味方をつくれば、100の力におまかせすることができます。それだけたくさんの花も、大きな花も、きれいな花も咲かせやすくなるわけです。

結局、人生とは、いかに味方をつくっていくかという道のりです。応援を引き寄せ、味方をつくり、おまかせで生きる。そんな生き方を、まず自分自身がはじめて、さらにまわりの人たちとともにそんな生き方ができたら、人生の楽しさと豊かさは大きく大きく花開いていくことでしょう。

第7章

喜ばれる存在へ

運命は、人によって運ばれる私の命

——私たちの命は、人とのご縁、人の力によって運ばれていきます。その総体を運命といいます。

自分はなにによってここまで来たのだろう？　ときにそうやって振り返ってみる時間を持つことは、とてもいい習慣です。

私たちはともすると、今日まで自分の力で生きてきたと勘違いしがちです。でも、私たちは自分の力だけではなにもできません。コップひとつでさえ、そして、その中に入れる水でさえ、自分の力だけでつくることはできないのですから。

私たちが今こうして生きているのは、すべて自分以外の力のおかげです。中でも、人の力はとても大きいものです。

「運命は、人によって運ばれる私の命」という正観さんの言葉があります。

私たちの命は、人との出会いやご縁、人の力によってここまで運ばれてきた。その総体を運命というわけです。運命は、誰と出会い、誰とご縁をつなぐかによって大きく左右されます。人生とは、出会いとご縁によって紡がれているのです。

そんなことを感じながらやってみると、おもしろくて役に立つワークをご紹介しましょう。

まず、1枚の白紙を用意してください。ノートでもOKです。

中心に自分の名前を書きます。次に、自分と関わりの深い人の名前を書き、自分と線でつなぎます。家族、友人、仕事関係などの中から、身近な人たちの名前を書くといいでしょう。

その次は、その人たちからつながった人の名前を書いていきます。AさんからBさんを紹介されたとしたら、Aさんから線を引いてBさんの名前を書くという具合です。中
すると、だんだん外側に向かって、人と人が線で結ばれながら広がっていくでしょう。中には、外側に書いた人が内側の人につながったり、最初は知らない同士だったCさんとDさんが、Eさんを介してつながったりということも出てくると思います。

きれいに放射状に広がる場合もあれば、自分に関係する人たちが網の目状につながるケースもあるでしょう。

こうして書き出した図を、「人間関係図（ヒューマン・リレーション・チャート）」とか「人間放射図（ヒューマン・ラジアル・チャート）」といいます。

自分を中心に見たときに、どんな人がどんなつながりになっているか。まさに、自分を取り巻く「縁」が描き出されます。だから、ぼくはこの図を「縁図」と呼んでいます。

縁図を書いて見てみると、いろいろなことに気づくと思います。自分がいかに多くの人のご縁の中で生きてきたか、生かされてきたか。時期によって、付き合う人たちがどのように

移り変わってきたか。今の自分の中心的な人間関係は、どのグループの人たちが多いか。その時期につながっていた人たちの特徴や傾向と、その頃の自分の状態がどう連動しているか。誰が誰を介して、どのようにつながっているか。この人とのご縁のはじまりは誰だったか。元をたどると誰に行き着くか……。

人生は、縁によってはじまり、縁によって運ばれ、縁によって育まれる。

人は、人と人とのつながりの中で生きる存在です。自分を支え、育んでくれたご縁を一つひとつ書き出し、一人ひとりに思いを馳せることで、きっと、ふだんは忘れがちな大切なものに気づくことができます。

さらに、実際にその人に連絡をとったり、会ったりしてみると、もっと効果的です。ここまで自分を運んできてくれたご縁に、再びスイッチが入るかもしれません。アクションをとることで、縁が動き出します。

「運は動より生ず」という言葉があります。

運というのはジッと待っているだけではやってきません。「運命は人によって運ばれてくる」からといって、自分がまったく動かなければ、流れは起きません。運というのは流れのことですから、流れが止まると運も止まってしまいます。運は動くことで、生まれるのです。

運だけではありません。縁も動きます。

ご縁というのは関係性のことですから、お互いの状況や動きによって変化していきます。長い間会わなければ、縁は続かずに切れてしまうでしょう？　放っておいたら枯れてしまいます。縁にも栄養補給が大切なのです。

縁図で放置気味だった縁に気づいたら、動いてみることをおすすめします。すると、縁も運も再び動き出すはず。これを「縁運動」といいます。グルグルと回りながら広がっていく円運動のように、縁運動もきっと楽しく広がっていくことでしょう。試してみたら動《どう》？

頼まれごとは断らない

——頼まれごとを受けるということは、自分の力や思いでは行けないところまで運ばれるチャンスです。

ある弁護士さんから興味深い話を聞きました。その弁護士さんに来る相談や依頼には、おもしろい傾向があるのだそうです。たとえば、離婚問題の相談や依頼が1つ来ると、その後も離婚関係の話がしばらく続くようになる。金銭関係の相談や依頼が1つ来ると、同様の話が次々に来るようになる。つまり、同じ類の相談や依頼が、連続で来るというのです。

「なにか流れのようなものがあるんです」

その弁護士さんは、本当に不思議そうに話していました。

そしてそれに関連して、次のようなことを教えてくれました。

そういう依頼や相談を、自分の都合や好き嫌いで断ると、その流れが止まってしまうのだそうです。次々に依頼が来ていたのに、自分の好みでどれか1つを断ったとたん、あれほど来ていた相談や依頼が、ピタッと止まってしまう。

それはまるで、それぞれの依頼者同士で申し合わせができているかのように（実際は、そんなことは有り得ないわけですが）、1つを断ると流れを切ってしまうことになるというのです。

「だから、頼まれたことを安易に断ったりすると、あとが怖いんですよね」

弁護士さんは、自らを戒めるように話していました。


流れをつくるのも、流れを切るのも、カギは自分。起きた出来事や、やって来た話を素直に受けていると、次々にその流れが来やすくなる。

逆に、せっかく流れができていても、自ら流れを切ってしまうと、そこで話も来なくなる。

ふだんの生活や仕事の中で、私たちにも同じようなことはありませんか？

自分の場合はどうだろう、とチェックしてみるといいですよ。そして、自分はいい流れができるように動いているか、流れを切るような動きをしていないかを意識してみる。それだけできっと、いい流れをつくりやすくなります。

大きな頼まれごとをされたり、ハードルの高い案件を打診されたりしたときは、どうでしょう？

たとえば、大勢の人前で話してほしいと頼まれたり、大きなプロジェクトの交渉・調整役を持ちかけられたりしたときなどです。

難なくできることであればすぐに引き受けるでしょうけれど、ちょっと難しいなと感じられるときは、ついつい「自分には無理」「そんな力は自分にはない」「うまくいかなかったらどうしよう、イヤだ」などと考えてしまい、断ってしまうことも多いのではないでしょうか。

たしかに、引き受けたとしても大変だったり、うまくいかなくて迷惑をかけたり、失敗して恥をかいたりしたらイヤですよね。人からどう言われるか、どう評価されるかを気にしてしまうと、余計に断りたくなるかもしれません。

無理に背伸びして引き受けるよりも、自分にはできないと認めて断るほうが、謙虚で誠実な対応なのではないか。そう考える人もいるでしょう。

でも、頼んだり打診したりしてくれた相手の意向を、自分の思いで断るというのは、本当

の意味で謙虚とは言えないかもしれません。相手から話が来たという流れを、自らの都合で断つことになるからです。

世間的には謙虚に映っても、宇宙的には謙虚ではないということになります。だから、流れをよくするためにも、相手が自分を尊重して頼んでくれたことは、基本的に受けることをおすすめします。

完全にできないことが明らかな場合はこの限りではありませんが、ちょっと難しいという程度であれば、引き受けてみましょう。うまくできるかどうかや、相手からどう評価されるかは横に置いて、相手の意向を受ける。そして、最善を尽くせばいい。

その結果をどう判断するかは、自分ではなく相手におまかせすればいいのです。

そもそも、自分にまったくできない話は、自分のところには来ません。相手も、あなただったらできると思ったから、頼んできたのです。だから、先に自分で結果を考えて、流れを止めてしまうのではなく、自分に依頼してくれた相手のことを尊重して、素直に受ける。やるだけのことはやって、あとはおまかせ。その気持ちが大事です。

頼まれごとを受けるということは、人が運んできてくれた流れに乗ることです。自分の力や思いでは行けなかったところまで運ばれるチャンスでもあります。

運命は、「頼まれごとをとおして運ばれる、私の命」なのかもしれません。

人はひとりで生きたらヒト、人の間に生きるから人間

――人と人の間をつなぎ合わせて生きるということです。

オオカミ少年を知っていますか？　「オオカミが来たぞ」というウソつきのほうのオオカミ少年ではありません。オオカミに育てられた少年の話です。

インドなどで発見、保護された例が知られていますが、いずれも、オオカミと一緒に行動していて、保護されたあとも、ほとんど人間にはなじまなかったそうです。姿、形は一緒でも、彼らは人間として生きたわけではないと言えそうです。

オオカミ少年に対する評価をしたいわけではありません。人間として生きるとはどういうことか、ひとつのヒントを示してくれているように思うのです。

人間が人間として生きるには、やはり人間社会の中で生きることが必要です。人間は、生物としてみればヒト科の動物です。もし、社会からまったく離れてひとりだけで生きていくとしたら、それはヒトとして、ほかの動物と同じように生きるということになるのかもしれません。

それに対して、人間として生きるということは、文字どおり「人の間」で生きるということにほかなりません。**人の間で生きるということは、人と人にはさまれて、人に助けられな**

和合のつくばい

がら生きるということ。そして、人と人の間をつなぎ合わせながら生きるということ。

他人と差をつけて、自分の力だけで人生を切り開こうとするとき、人の間に生きる必要はありません。「競う・比べる・争う」生き方は、社会で生きてはいても、人との間を断ち切り、ひとり勝ち残ろうとする方向性の生き方ですから、本当の意味では人の間に生きることにはならないのかもしれません。

水戸黄門でおなじみの水戸光圀《みつくに》が寄進したとされている「知足のつくばい」は、足るを知る心の大切さを示していますが、人の間に生きるときに大切にしたい心を表したつくばいを、ぼくは考えました。

名づけて、「和合のつくばい」といいます。「知足のつくばい」と同様に、「口」のまわりに「ハ」「禾」「亼」「十」が配置されたものです。

下から時計回りに、「只」「和」「合」「叶」。「只《ただ》、和合すれば、叶う」と読みます。ただお互いを認めて、和合していけば、いろんなことが叶うということです。

学校のテストは、ふつうは一人ひとりが１００点を目指して受けます。そして、点数で比較して順位をつけます。１００点を取れる人は、ほんのひと握り、もしくはひとりもいなかったりします。

でももし、みんなで和合して解いたらどうなるでしょう？　一人ひとりは10点の力しかなくても、それぞれに得意なところを解いて合計すれば１００点になりますね。

差をつけて順位を決めるのではなく、みんなの協力によって１００点が叶うのです。そして、点数だけでなく、みんなで教え合えば、みんながよくわかるようにもなります。

ちなみに、「叶」という字の本来の意味は「合わせる、和合する」です。協力の「協」も「力を合わせる（十）」なので、通じるものがありますね。

実は、「叶」という字は「協」の古字です。ですから「叶う」という文字の意味は、もともとは願いを実現させることではなくて、お互いに協力することなのです。協力し合うから結果として実現するというのが、「叶う」の本来の意味だったのです。

人の間で生きるとは、調和して、互いに力を合わせて、物ごとを叶えていくこと。ヒトは、和合してはじめて、人間になるのかもしれませんね。

死んで残るのは、集めたものではなく与えたもの

――行為や言葉、心遣いなど人に与えたものは、記憶として残り続けます。

豊臣秀吉は、天下を統一して戦国時代に終止符を打ちました。太閤関白として絶大な力を誇った秀吉は、莫大な富を手にします。大阪城には金銀財宝がうず高く積まれ、その光景たるやそれは壮観だったと言われています。

秀吉は与え上手な人でもあったようです。城を築くときには人足たちへの報酬を十分に支払ったため、大勢の人足が集まり、短期間で完成させることができたという〝築城の名人〟として知られています。

大阪城に蓄えた金銀財宝も、「ただしまっておいても仕方がない」ということで、全国の大名たちにばらまくようにして配ったというエピソードもあります。

一方で、その求めるところはとどまることを知らず、日本国内を統一したあとは大陸へとその目は向けられ、2度にわたって朝鮮出兵を行っています。しかし、その行軍は失敗に終わりました。

露とおち　露と消えにし　わが身かな　難波のことも　夢のまた夢

（ぜいたくの限りをつくした人生だったが、振り返ると、朝露が消えるようにあっという間で、夢をみていたように
はかないものだ）

という辞世を残して、生涯を終えました。あらゆるものを手に入れたと言っていい秀吉でしたが、本人の心の中はまだ満たされなかったのでしょうか。もし、秀吉が「知足のつくばい」を見たら、何と言ったでしょうか。

幸せは、なにを手に入れたかということで決まるのではなく、心が満足や豊かさや感謝を感じられるかどうかで決まるということを教えてくれている気がします。また亡くなったあとに残るのも、手に入れたものではないということもわかります。

秀吉の場合も、大量の金銀を集めたから歴史に名を残したのではありません。農民の子として生まれ、足軽から天下人までも登り詰めたその大出世によって、そして、天下統一までの歩みで世の中に多大なものを与えたことによって、歴史上の人物となったのです。

秀吉だけではありません。歴史上の人物は、なにを所有したかではなく、なにを成したかということによって、年表に名を残しています。人に対して、世の中に対して、なにを与えたか、そこを歴史は評価するのです。

歴史上の偉人たちだけではありません。誰の人生にも同じことが言えます。手に入れたものは、死ぬときには持っていくことができません。そして、ときとともにバラバラになったり、壊れてしまったりして、いずれは形を失ってしまいます。

でも与えたものは、与えられた側に、記憶として、物語として残り続けます。与えるのは、お金やモノだけではありません。さまざまな活動や事業もそうです。人や世の中に対して多くのものを与えることができます。

さらに、行為や言葉や心遣いでも、人に与えることはできます。和顔愛語、相手の話をよく聴いてあげること、相手をそのまま認めてあげることも、相手にとってはかけがえのない贈りものになるのです。

人の死には、「肉体の死」と「存在の死」があると言われます。肉体は死んでも、その人のことが人々の中で語り継がれたりするうちは、その人は存在しているということです。手に入れたものは、肉体の死とともになくなっていきます。でも、与えたものはなくなりません。「存在とは、与えること」なのかもしれませんね。

よき友、よき仲間

――よき友を持つことは、人生を豊かで幸せなものにしてくれます。

先日、沖縄に行ってきました。帰ってきてすぐに講演会があったので、ご参加の皆さんへのお土産に「ちんすこう」というお菓子を買ってプレゼントをしました。プレゼントといっても、ひとり1袋ずつですが（笑）。1袋2本入りで、数種類の味の詰め合わせを、箱ごと回して1袋ずつ取ってもらいました。

すると、最前列の人がニコニコ笑いながら言いました。

「こうすれば、2度おいしいですよ」

見ると、2本のうちの1本を、隣の人と交換して食べています。お隣さんは、別の種類のちんすこうを取っていたのでした。

なるほど！　そうすれば2種類の味を楽しむことができるわけですね。

2倍の量を手に入れたわけではありません。でも2倍の種類を味わえたわけですから、喜びは2倍になります。

自分の力だけで2種類を手に入れようとしたら、2倍の労力や努力が必要かもしれません。でも、分かち合えば、2倍の努力は必要ありません。隣の人に、「1本ずつ交換しましょう」と言えばいいのですから。

分かち合うと豊かになる。よき仲間は、そんな豊かさをもたらしてくれます。

こんな分かち合いもあります。お弁当を忘れてしまった人がいました。せっかくの仲間と過ごす昼食時間なのに、自分だけお弁当がないというのはさびしいものです。その人も、ガックリきてしまいました。

そのとき、仲間のひとりが、自分のお弁当のフタを差し出して言いました。

「ここに、みんなで少しずつ自分のごはんやおかずを乗せてあげようよ」

みんなは自分のお弁当から少しずつおかずを取って、フタの上に乗せていきます。みるみるうちに、フタはたくさんのおかずでいっぱいになり、立派なお弁当の出来上がり。

「みんな、ありがとう！」

お弁当を忘れて落ち込んでいた顔がパーッと晴れ、満面の笑顔です。その笑顔を見て、仲間たちも笑顔です。お弁当の時間が、思いがけずもっと楽しいものになりました。

自分の力だけでなんとかしようとしたら、新しいお弁当を買いに走るか、食べずに我慢することになっていたでしょう。でも、仲間が分かち合ってくれて、それを感謝して受け取ったことで、労せずしてお弁当を食べることができたのでした。

それも、あたたかい心のこもった特別なお弁当を。

分けてあげた仲間のほうも、自分のお弁当はちょっぴり減ってしまったかもしれないけれど、普通にお弁当を食べるよりも、ずっと楽しくなったでしょう。そしてあたたかい心や仲間との一体感も感じることができたのではないでしょうか。

やはり、分かち合うと豊かになるんですね。自分で努力するのもいいけれど、また、それが必要なときもあるけれど、分かち合うことでお互いが満たされ、楽しさも豊かさも大きくふくらみます。そのチャンスは、毎日の中にたくさん転がっています。

「よき友を得ることは、人生という聖なる道のすべてである」という教えをおシャカさまは遺しました。よき友を持つことは、それほどまでに人生を豊かで幸せなものにしてくれます。

お互いに認め合い、助け合い、分かち合い、喜び合う。そんなことのできるよき友やよき仲間をつくっていきたいものですね。

楽に楽しく喜ばれる

――今を心を込めて生きる。目の前の人、モノ、ことを大切にして、今に感謝する。それが喜ばれる存在になるということ。

「人生は修行である」という見方があります。

人生とは、苦しみを乗り越えながら、自分自身を向上、成長させるための修行のようなものだという見方です。なるほど、うなずけます。

「人生は遊行である」という見方があります。

人生とは、さまざまな経験を味わい、喜びを生み出しながら楽しむための遊行（遊び）のようなものだという見方です。なるほど、うなずけます。

すべてはものの見方次第。何度も言ってきたとおり、どちらから見るのも自由、自らに由ります。だから、どちらが正解とは言えませんし、ほかの見方もあるでしょう。

ただ、もしかすると、私たちは、前者の見方をより強く教えられてきたのではないでしょうか。がんばって、努力して、苦労もして、より自分を鍛え、より自分を高め、成長することにこそ価値がある。自らの力で物ごとを成し遂げ、優れた人間になることが、人生の目的である。そんな価値観を、とくにこの１００年ほどの間に教え込まれてきたように思います。

もちろん、それも人生の大事な一面です。達成できたときには、大きな喜びも生まれます。

しかし、私たちはもっと楽に生きてもいいのかもしれません。「おまかせ」で生きる部分をもっと増やしてもいいのかもしれないと思います。

がんばって、努力して、自らの力だけで物ごとを成し遂げようとするのではなく、もっと自分以外の力におまかせすればいいのです。

自我＋おまかせ＝１００

この式を思い出してみてください。「自我」をいくつにするかは自由です。それに応じて「おまかせ」も決まります。自我が80であれば、おまかせは20になるし、自我が10ならば、おまかせは90です。

自我は自分の力だけですが、おまかせは自分以外の力を受けることができます。自分にはごく限られた力しかありませんが、自分以外の力は無限といっていいほど大きいものです。

だから、おまかせが増えると、使える力は大きくなり、その分自分は楽になります。

自分以外の力におまかせすることを、正観さんは「自分以外の8者」、つまり「目に見えない4者、すなわち神・仏・聖霊・守護霊。そして、目に見える4者、すなわち友人・知

人・家族・自分のからだ」の力におまかせすることと言っています。

単純に、「宇宙のはたらきや流れにおまかせする」といってもいいかもしれませんが、いずれにせよ、これだけの力におまかせすれば、自力のときよりもずっと楽にことが運ばないわけがありません。

さらに、自我がゼロになると、おまかせが100になります。これは実は「100％受け入れている」という状態です。

こうしたい、思いどおりにしたいという自我がなく、すべておまかせという状態。つまり、すべてを受け入れるということです。

今の状態をすべて認め、肯定し、受け入れる。そして、今すでに満ち足りていることに感謝があるだけの状態。それを、幸せと呼びます。つまり、

おまかせ100％＝受け入れ度100％＝感謝100％＝幸せ100％

ということ。おまかせとは受け入れることであり、感謝であり、幸せなのです。

人間なので、自我がゼロというのはなかなか難しいでしょうけれど、おまかせが増えるほど楽になり、おまかせが増えるほど楽しく、感謝も幸せも増えるというしくみです。

楽で楽しい人生ですが、なにもしなくていいということではありません。むしろ、宇宙や8者におまかせで生きると、その示唆や頼まれごとをやっていくだけで猛烈に忙しくなります。でも、五戒を言わず、「う・た・し」な心で、感謝をするという「実践の3段階」をひたすら繰り返す「おまかせ」の人生は、きっと喜ばれる人生にもなっているはずです。

喜ばれることは、最後の1％領域です。そこに達することができれば、喜ばれる存在になるために生まれてきたという目的も果たせることになるかもしれません。

また、今を受け入れるということは、今に心を込めて生きることにつながります。今、目の前の人、モノ、ことを大切にして、ひたすらそれを繰り返す。今に感謝することができると、これまでの過去にも感謝することができます。

今を肯定し、受け入れるということは、今につながる過去を「これでよかったんだ」「あの出来事があったから今がある」と肯定し、受け入れることでもあるからです。

「おまかせ」で今を生きることは、正観さんの教えのエッセンスが詰まった生き方であり、正観さん自身が淡々と実践し続けた生き方でもあったように思います。

そこには、誰もが楽に楽しく生きられるヒントがあふれていて、喜ばれる存在として幸せに人生を歩む道が広がっています。

あとがき

どうしたら、毎日がうまくいくんだろう？

昔からそんなことをよく考えていました。これさえやればすべて大丈夫！　という万能薬はないにしても、人生を楽しく豊かにスムーズにしていくコツや生き方があるのではないかと感じていました。

人生うまくいっている人っていますよね。ガリガリとがんばっている風でもないのに、きちんと実績をあげて、まわりからの評価も信頼も厚い。おだやかな人柄で、いい仲間に囲まれて、自分もまわりにもいつも笑顔が絶えない。実際にはいろいろあるのでしょうけれど、傍《はた》からは、やることなすことうまくいっているように見える。

そういう人たちには、ある共通項があります。

それは、〝流れがいい〟こと。話の来るタイミングや、その後の展開、人とのかかわり方、物ごととのかかわり方、お金や健康とのかかわり方も、流れがいいのです。

ぼくは、この〝流れがいい〟生き方のことを、「フローライフ」と名づけました。

〝フロー（Flow）〟とは、文字どおり〝流れ〟のこと。だから、流れのいい人は、〝Flow〟＋〝-er（人）〟＝〝Flower〟。そう、流れのいい人になることで、人生がうまくいき、自分らしい、世界にひとつだけの〝花〟を咲かせられるようになります。

流れのいい生き方のヒントがほしいと思っていたぼくにとって、小林正観さんとの出会いは、衝撃でした。正観さんの教えは、まさに、流れのいい人生を生きるためのヒントの宝庫であり、なによりも正観さんご自身の生き方が、フローライフそのものでした。

その教えは、単に流れのいい生き方にとどまらず、宇宙の本質・幸せの本質とは何なのかということにも、目を見開かせてくれました。そして、膨大な教えは、ぼくのみならず幾多の人々に、「う・た・し」な毎日と、よき仲間をもたらしてくれたのでした。

その中でも、「おまかせ」で生きること、今を生きることは、流れのいい人生、楽で楽しくて喜ばれる人生を生きる上ではずせない、ある意味で教えを包括するテーマだと思います。

今回、正観さんから教わったことをひとりでも多くの人に伝えたい、その教えの概略だけでも後の世に伝えたいという趣旨で、本書をまとめさせていただきました。

正観さんの核となる教えのフレーズを見出しとして掲げていますが、内容はぼく自身の考えや体験や見聞を中心にまとめたものです。そういう意味で、正観さんの教えそのものは、細い糸ほどしか入れることができていないかもしれませんが、その教えを理解し、取り入れ、実践しようとしてきたひとりの人間による橋渡しとして、参考にしていただければうれしく思います。

廣済堂出版の真野はるみさんには、本書の企画から完成まで、本当にお世話になりました。今回の共同作業を通じて、真実を見る道の一端に加われたとしたら、とても光栄に思います。

また、この本は、女性のためのモバイルマガジン「WOMANWAVE.COM」での連載『自分の花を咲かせよう～フローライフのすすめ』がひとつのベースになっています。その機会を与えていただいた、(株)ウーマンウエーブ会長の櫻《さくら》井《い》秀勲《ひでのり》先生と社長の岡村季子《としこ》さんに、この場を借りてお礼申し上げます。また、この出版にいたるまでの道のりをサポートしてくださった、すべての皆さんにお礼申し上げます。

そしてぜひ、巻末でご紹介している小林正観さんの著書をお読みになってみてください。そこは宝の海です。

最後に、宇宙の本質と人間の真実をとらえ、幸せな人生を笑顔で生きるための教えを与えてくださった小林正観さんに、心からの感謝を捧げます。ありがとうございます。

２０１２年９月

著者

小林正観さん　著作一覧（出版社別）

◎一般書店で販売していない書籍

【弘園社】

『22世紀への伝言』『波動の報告書　～足立育朗の世界～』『こころの遊歩道　～一日5分の心の散歩～』『守護霊との対話　～中川昌蔵の世界～』『こころの宝島　～知って楽しい日々の智恵～』『生きる大事・死ぬ大事　～死を通して考える新しい生き方～』『幸せの宇宙構造　～すべての人が幸せになる方法～』『ただしい人から　たのしい人へ　～』『で、何が問題なんですか　～小林正観　質疑応答集～』『宇宙が味方の見方道　～小林正観　見方・考え方・とらえ方　実例集～』『楽に楽しく生きる　～生き方エッセンス35～』『宇宙を解説◆百言葉』『こころの花畑　～心があたたまるすてきな話～』『魅力的な人々　～こんな楽しい生き方もあった～』『男と女はこんなにちがう　～なかなかわかり合えない男と女～』

【宝来社】

『笑いつつやがて真顔のジョーク集　～小林正観笑いの講演録～』『お金と仕事の宇宙構造　～長者さま養成講座～』『天才たちの共通項　～子育てしない子育て論～』『究極の損得勘定　～損得で考える宇宙法則　～』『究極の損得勘定 Part 2　～1％の仲間たちへ～』『心がなごむ秘密の話　～力を抜いて生きる実例集～』『知って楽しむ情報集　～人間観察40年の情報いろいろ～』『神さまの見方は私の味方　～力を抜いて生きてみる～』『ＵＦＯ研究家との対話　～ちょっと変わった宇宙論～』『ＪＴＢ旅のうんちく講座　「日本」が、「旅」がますます楽しくなる！』

【サトルーチ出版】

『目からウロコで目が点で　～正観さんから教わった

いろいろ〜』（監修）
『ウサギとカメ21世紀版　〜21世紀の新しい生き方論〜』（絵本）
『さすらい こうてい ぺんぎん』（絵本）
『トイレのかみさま』（絵本）
『しあわせ言葉の本』（画集）

※以上の書籍は、全国の「ＳＫＰうたしショップ」で購入できます。
ショップ一覧：株式会社ＳＫＰホームページ
http://www.skp358.com/topics/shop/shop.html

◎一般書店で販売している書籍

【イースト・プレス】
『心を軽くする言葉』『脱力のすすめ』

【学研パブリッシング】
『日々の暮らしを楽にする』『楽しい子育て孫育て』

【ＫＫベストセラーズ】
『心に響いた 珠玉のことば』

【廣済堂出版】
『無敵の生きかた 〜みんなが味方になる〜』『豊かな心で豊かな暮らし』

【講談社】
『楽しい人生を生きる宇宙法則』『喜ばれる 〜自分も周りも共に幸せ〜』『「人生を楽しむ」ための30法則』

【五月書房】
『神さまに好かれる話 〜悩みを解消する法則〜』
『運命好転十二条』

【サンマーク出版】
『「そ・わ・か」の法則 〜人生を輝かせる〝実践方程式〟〜』『「き・く・あ」の実践 〜今すぐ幸せに

なれる方法～』

【実業之日本社】

『笑顔で光って輝いて　～いま、いきなり「幸せ」になってしまう～』

【ダイヤモンド社】

『もうひとつの幸せ論』

【大和書房】

『この世の悩みがゼロになる』『楽しく上手にお金とつきあう』『悟りは3秒あればいい』『ごえんの法則』

【致知出版社】

『宇宙を味方にする方程式』『宇宙を貫く幸せの法則』『宇宙が応援する生き方』『神さまが教えてくれた幸福論』

【中経出版】

『100％幸せな1％の人々』『啼かなくていいホトトギス』

【風雲舎】

『宇宙方程式の研究　～小林正観の不思議な世界～』

『釈迦の教えは「感謝」だった　～悩み苦しみをゼロにする方法～』『淡々と生きる　～人生のシナリオは決まっているから～』

【マキノ出版】

『幸も不幸もないんですよ　～人に、お金に、運に好かれる法則～』

【三笠書房】

『すべてを味方　すべてが味方』

◎本書は、女性のためのモバイルマガジン「WOMANWAVE.COM」での連載「自分の花を咲かせよう～フローライフのススメ」をベースに、大幅に加筆・修正を加えたものです。

高島 亮（たかしま・りょう）

1967年新潟県生まれ。東京大学文学部卒。大手化学メーカーを経て、精神世界専門の出版社に転職。精神世界と現実世界の融合の大切さを痛感。両者のバランスのとれた生き方を模索する中で、小林正観氏に出会い、2000年に(株)ぷれし～どを設立、代表取締役に。小林正観氏の教えを伝える「正観塾」師範代。講演会やセミナーの主催、さらに自らの語りや著作を通じて、“毎日を楽しく豊かに生きる”ためのきっかけやヒントを提供している。著書に『ぼくが正観さんから教わったこと』（風雲舎）等がある。

「ぷれし～ど」 http://www.pleaseed.com/

「おまかせ」で今を生きる
――正観さんが教えてくれた幸せの宇宙法則

2012年10月23日 第1版第1刷
2023年11月26日 第1版第2刷

著　者　高島亮
発行者　伊藤岳人
発行所　株式会社 廣済堂出版
〒101-0052 東京都千代田区神田小川町2-3-13 M&Cビル7F
電話 03-6703-0964（編集）
03-6703-0962（販売）
Fax 03-6703-0963（販売）
振　替　00180-0-164137
U R L　https://www.kosaido-pub.co.jp/

印刷・製本　精文堂印刷株式会社
ISBN 978-4-331-51676-8 C0095